# The Secret™

# The Secret

## HEMLIGHETEN

Rhonda Byrne

Översättning Eva Trägårdh

MASSOLIT FÖRLAG

www.massolit.se

THE SECRET
av Rhonda Byrne



Andra utgåvan, fjärde tryckningen

Originalets titel: The Secret
Översättning: Eva Trägårdh
Omslagsdesign: Gozer Media P/L
Sättning: Annika Borgenstrand
Tryckt hos Livonia Print, Lettland 2018
ISBN 978-91-7661-040-4

MIX
Papper från
ansvarsfulla källor
FSC® C002795

*Så som i himlen, så ock på jorden.*
*Så som i det inre, så ock i det yttre.*

– Smaragdtavlan, omkring år 3000 f. Kr.

Tillägnad Dig

Må Hemligheten berika hela din tillvaro
med kärlek och glädje.

Det är min intention för dig,
och för hela världen.

# Innehåll

103

# Förord

För ett år sedan rasade hela mitt liv samman omkring mig. Jag hade arbetat så mycket att jag var helt utmattad, min pappa gick plötsligt bort och mina relationer till mina kollegor och mina nära och kära var en enda röra. Föga anade jag då att min djupaste förtvivlan också innehöll fröet till en fantastisk gåva.

Jag hade fått en glimt av en stor hemlighet – livets Hemlighet. Denna glimt kom från en hundra år gammal bok som jag hade fått av min dotter Hayley. Jag började spåra Hemligheten bakåt genom historien. Jag kunde knappt tro att så många redan kände till den. De som hade kunskapen var de allra mest framstående människorna i vår historia, bland andra Platon, Shakespeare, Newton, Hugo, Beethoven, Lincoln, Emerson, Edison och Einstein.

Alldeles överväldigad av denna insikt frågade jag mig: "Varför känner inte *alla* till det här?" Jag uppfylldes av en brinnande längtan att få berätta för världen om Hemligheten: Jag började söka efter nu levande människor som känner till den.

En efter en började de framträda. Jag blev som en magnet: när jag började sökandet drog jag till mig den ena framstående läraren efter den andra. När jag kommit i kontakt med en lärare hänvisade han eller hon mig till nästa i en perfekt kedja av sammanträffanden. Om jag var på fel spår fångades min uppmärksamhet av något annat och genom detta sidospår hittade jag nästa betydelsefulla lärare. Om jag av en händelse tryckte på fel länk när jag gjorde sökningar på internet, blev jag ledd till en viss information som visade sig vara helt avgörande. På några få veckor hade jag spårat Hemligheten bakåt genom historien och fått kontakt med vår tids moderna utövare av Hemligheten.

Visionen att berätta om Hemligheten för världen i en film hade blivit till en fix idé och under de kommande två månaderna fick mitt produktionsteam för tv och film lära sig Hemligheten. Det var av största vikt att alla medarbetare i teamet kände till den, eftersom det vi nu skulle företa oss annars skulle vara en omöjlighet.

Vi hade inte knutit en enda lärare till filmen, men eftersom vi visste hur Hemligheten fungerade flög jag med fullkomlig tillit från Australien till USA, där de allra flesta som undervisar om Hemligheten bor. Sju veckor senare hade teamet filmat femtiofem av de mest framstående lärarna i hela USA och vi hade över 120 timmar film. I varje steg och varje andetag använde vi Hemligheten för att skapa *The Secret.* Vi drog bokstavligen till oss allt och alla. Åtta månader senare släpptes filmen.

Allteftersom filmen erövrade världen började berättelser om mirakel strömma in: människor skrev om hur de hade blivit fria från kronisk smärta, depression och sjukdom, om att kunna gå för första gången efter en olycka – ja, till och med om att bli frisk från att ha varit nära döden. Vi har fått tusentals berättelser om hur Hemligheten har använts för att skapa välstånd, ekonomiskt oberoende och oväntade inkomster. Människor har använt Hemligheten för att manifestera sitt perfekta hem, finna sina drömmars livspartner och köpa den bil, hitta det arbete eller den befordran de har önskat sig. Vi har fått läsa många berättelser om hur företag har förvandlats till det bättre inom några få dagar efter att man har börjat använda sig av Hemligheten. Vi har fått in glädjande historier om problematiska relationer med barn, där man har kunnat återskapa harmonin igen.

En del av de mest fantastiska historierna vi har fått kommer från barn som har använt Hemligheten för att dra till sig det de vill ha, till exempel vänner och bra betyg. Hemligheten har inspirerat läkare att berätta om den här kunskapen för sina patienter. På universitet och skolor har man berättat om den för sina studenter och elever, och på träningscentrer har man berättat om den för sina kunder. Och i kyrkor och samfund av alla de slag, samt i andligt inriktade verksamheter har man talat om den med sina församlingar. Över hela världen håller människor fester och sammankomster i sina hem på temat Hemligheten för att berätta om den för sina nära och kära. Människor har använt Hemligheten för att dra till sig allt möjligt – från en speciell fjäder till många miljoner kronor. Allt detta hände bara några få månader efter det att filmen släpptes.

Min intention med att skapa *The Secret* var – och är fortfarande – att den ska bringa glädje till så många människor över hela världen som möjligt. Teamet som arbetar med *The Secret* får varje dag ta del av hur denna avsikt förverkligas genom de tusentals brev vi får från människor över hela världen, som uttrycker sin tacksamhet för den glädje som Hemligheten har gett dem. Det finns ingen begränsning för vad du kan göra eller åstadkomma med den här kunskapen. Det spelar ingen roll vem du är eller var du befinner dig, Hemligheten kan ge dig vad helst du önskar dig.

Tjugofyra fantastiska lärare medverkar i boken. Deras bidrag filmades vid olika tillfällen och på olika platser i hela USA, men ändå talar de med en enda röst. Den här boken innehåller de här lärarnas röster och den innehåller också mirakulösa berättelser om vad Hemligheten ger och har gett dem. Jag delar också med mig av alla tips, knep och genvägar jag har lärt mig, så att du kan leva det liv du drömmer om.

När du läser boken kommer du att märka att jag på vissa ställen har skrivit orden "Du" och "Dig" med stor bokstav. Anledningen till det är att jag vill att du, läsaren, ska känna och veta att jag har skapat den här boken för dig. Jag talar till dig personligen när jag säger Du. Min avsikt är att du ska känna en personlig kontakt med de här sidorna i boken, eftersom Hemligheten har skapats för Dig.

Medan du läser boken och lär dig Hemligheten kommer du bli viss om att du kan uppnå, bli eller göra vad helst du vill. Du får veta vem du egentligen är. Du får lära känna den oändliga storslagenhet som väntar på dig.

# *Hemligheten uppenbarad*

## BOB PROCTOR

### FILOSOF, FÖRFATTARE OCH PERSONLIG COACH

*Hemligheten ger dig allt du vill ha: lycka, hälsa och välstånd.*

## JOE VITALE

### METAFYSIKER, FÖRFATTARE OCH MARKNADSFÖRINGSSPECIALIST

*Du kan uppnå, göra och bli allt vad du vill.*

## JOHN ASSARAF

### ENTREPRENÖR OCH FINANSSNILLE

*Vi kan få allt det vi vill. Det spelar ingen roll hur stort det är.*

*Hur vill du bo? Vill du bli miljonär? Vilket slags företag vill du driva? Vill du bli mer framgångsrik? Vad vill du egentligen?*

## DR JOHN DEMARTINI

### FILOSOF, KIROPRAKTOR, HEALER OCH SPECIALIST PÅ PERSONLIG UTVECKLING

*Det här är livets stora hemlighet.*

## DR DENIS WAITLEY

### PSYKOLOG OCH UTBILDARE

*De ledare i det förflutna som hade tillgång till Hemligheten behöll kunskapen för sig själva. De lät inte andra människor få ta del av Hemligheten. Folk gick till sitt arbete, utförde sitt dagliga värv och gick hem igen. De levde i en grottekvarn utan någon egen makt, eftersom Hemligheten bara var känd av ett fåtal.*

Under tidernas lopp har många sökt efter kunskapen i Hemligheten, och det har funnits många som har hittat ett sätt att sprida den här kunskapen till världen.

## MICHAEL BARNARD BECKWITH

### VISIONÄR OCH GRUNDARE TILL AGAPE SPIRITUAL CENTER

*Jag har sett många mirakel ske i människors liv. Mi-*

*rakel när det gäller ekonomin, mirakel i fråga om fysisk och mental hälsa och mirakel i relationer.*

**JACK CANFIELD**

**FÖRFATTARE, LÄRARE OCH LIVSCOACH**

*Allt det här har hänt utifrån kunskapen om hur man använder Hemligheten.*

## Vad är Hemligheten?

**BOB PROCTOR**

*Du har troligen suttit här och undrat: "Vad är Hemligheten för något?" Jag ska berätta för dig hur jag har lärt mig förstå den.*

*Vi använder oss alla av en enda oändlig kraft. Vi vägleder alla oss själva utifrån exakt samma lagar. Universums naturlagar är så exakta att vi utan problem kan bygga rymdfarkoster. Vi kan skicka människor till månen och vi kan bestämma den exakta tidpunkten för landningen på bråkdelen av en sekund när.*

*Var du än befinner dig – i Indien, Australien, Nya Zeeland, Sverige, London, Toronto, Montreal eller New York – så använder vi oss alla av en och samma kraft. En och samma lag. Den handlar om dragningskraft!*

*Hemligheten är lagen om attraktion!*

*Allt som kommer in i ditt liv har du dragit till dig. Och det har dragits till dig i kraft av de bilder du har i ditt medvetande. Det handlar om vad du tänker. Allt det som pågår i ditt sinne drar du också till dig.*

”Varenda en av dina tankar är verkliga ting – en kraft.”

Prentice Mulford (1834–1891)

Många framstående lärare har berättat för oss att lagen om attraktion är den kraftfullaste lagen i hela universum.

Poeter som William Shakespeare, Robert Browning och William Blake talade om den i sin poesi. Musiker som Ludwig van Beethoven uttryckte den i sin musik. Konstnärer som Leonardo da Vinci avbildade den i sina målningar. Stora tänkare, däribland Sokrates, Platon, Ralph Waldo Emerson, Pythagoras, Francis Bacon, Isaac Newton, Johann Wolfgang von Goethe och Victor Hugo berättade om den i sina böcker och i sin undervisning. Dessa människor är odödliga och berättelserna om deras liv är legendariska.

Inom religioner som hinduismen, den hermetiska traditionen, buddismen, judendomen, kristendomen och islam samt i det gamla Babylon och Egypten, belyses Hemligheten i religiösa skrifter och berättelser. Den här lagen har nedtecknats i olika former under historiens gång och står att finna i gamla urkunder och skrifter. Den nedtecknades i sten omkring år 3000 f. Kr. Trots att somliga har velat hemlighålla denna kunskap, vilket faktiskt har skett, har den alltid funnits tillgänglig att upptäcka för alla och envar.

Lagen kom till i tidernas begynnelse. Den har alltid funnits och kommer alltid att finnas.

Det här är den lag som avgör hela universums ordning, varje ögonblick i ditt liv och varje liten sak du upplever i ditt liv. Det spelar ingen roll vem du är eller var du befinner dig, lagen om attraktion formar hela din livsupplevelse och denna allsmäktiga lag verkar genom dina tankar. Det är du som sätter lagen om attraktion i spel, och du gör det genom dina tankar.

År 1912 beskrev Charles Haanel lagen om attraktion som "den största och den mest ofelbara lag som hela skapelsesystemet vilar på".

**BOB PROCTOR**

*Visa och kloka människor har alltid känt till det här. Vi kan gå ända tillbaka till de gamla babylonierna. De har alltid känt till det här. Det var en liten utvald skara människor.*

De gamla babylonierna och deras stora välstånd är väl dokumenterat av forskarna. De är också kända för att ha skapat ett av världens sju underverk, Babylons hängande trädgårdar. Genom sin kunskap om och tillämpning av universums lagar blev de ett av de rikaste folken i historien.

**BOB PROCTOR**

*Varför tror du att en procent av befolkningen tjänar omkring 96 procent av alla pengar? Tror du att det bara är av en händelse? Det är ordnat på det sättet. De vet något. De känner till Hemligheten och nu kommer du att få tillgång till kunskapen om Hemligheten.*

Människor som har skapat sig ett välstånd har använt sig av Hemligheten, vare sig de har varit medvetna om det eller inte. Deras sinne är fyllt av tankar om välstånd och överflöd och de låter inga motsägelsefulla tankar slå rot inombords. Till övervägande del finns bara välstånd i deras tankar. De *känner bara till* välstånd och ingenting annat existerar i deras tankar. Oavsett om de är medvetna om det eller inte, är det just detta faktum att deras tankar till övervägande del handlar om välstånd som har gjort dem rika. Det här är lagen om attraktion så som den fungerar i verkliga livet.

Ett perfekt exempel för att illustrera Hemligheten och lagen om attraktion är följande: Du kanske känner till några människor som skaffat sig en stor förmögenhet, förlorat allt och på kort tid byggt upp en lika stor förmögenhet igen. Vad det handlar om i de flesta fall, oavsett om de var medvetna om det eller inte, är att deras tänkesätt främst har varit inriktat på välstånd – det var så de lyckades skapa det första gången. Därefter lät de rädslan för att förlora välståndet ta överhanden, tills också de tankarna fick övertaget. Vågskålen tippade över från välståndstankar till tankar om att förlora allt, och så hände det. När de väl hade förlorat sin förmögenhet försvann dock rädslan och vågskålen vägde återigen över till tankarna på välstånd. Och välståndet återvände för dem.

Lagen svarar på dina tankar oavsett vad du tänker.

## Likasinnade dras till varandra

**JOHN ASSARAF**

*Det enklaste sättet att förstå lagen om attraktion är att se mig själv som en magnet, och jag vet att andra magneter kommer att dras till den.*

Du är den kraftfullaste magneten i universum! Du har en magnetisk kraft inom dig som är starkare än någonting annat i den här världen, och denna outgrundliga magnetiska kraft sänds ut genom dina tankar.

## BOB DOYLE

### FÖRFATTARE OCH SPECIALIST PÅ LAGEN OM ATTRAKTION

*Enkelt uttryckt säger lagen om attraktion att människor och företeelser med liknande frekvenser dras till varandra. Men vad det egentligen handlar om är nivån på våra tankar.*

Lagen om attraktion säger att *människor och företeelser med liknande frekvenser dras till varandra,* och det innebär att när du tänker en tanke drar du också till dig *liknande* tankar. Här följer fler exempel på lagen om attraktion som du kan ha upplevt i ditt liv:

Har du någonsin börjat tänka på något som du inte varit nöjd med och ju mer du har tänkt på det desto värre har det känts? Det beror på att när du håller fast vid en och samma tanke en längre stund, gör lagen om attraktion att du genast drar till dig fler *liknande* tankar. På bara några minuter har du fått till dig så många *liknande* olyckliga tankar att situationen bara tycks bli värre. Ju mer du tänker på det, desto mer upprörd blir du.

Du kanske har upplevt hur du har dragit till dig *liknande* tankar när du har lyssnat på en låt och sedan upptäckt att du inte har kunnat få den här låten ur huvudet. Låten spelas upp om och om igen för ditt inre. När du lyssnade på den här låten gav du den din fulla uppmärksamhet – trots att du kanske inte insåg det. Samtidigt drog du till dig fler *liknande* tankar i och med att lagen om attraktion började verka och försåg dig med fler tankar om den här sången, om och om igen.

**JOHN ASSARAF**

*Vår uppgift som människor är att göra helt klart för oss vad vi vill och hålla fast vid tankarna på det vi vill uppnå. Utifrån det väcker vi en av universums främsta lagar, lagen om attraktion. Du blir vad du tänker mest på, men du drar också till dig det du tänker mest på.*

Ditt liv just nu är en spegling av dina tidigare tankar. Det innefattar både alla de positiva sakerna och allt det som du inte ser som så positivt. I och med att du drar till dig det du tänker på mest, är det lätt att se vilka dina främsta tankar har varit på alla områden i livet, eftersom det är vad du har upplevt. Ända tills nu! Nu lär du dig Hemligheten och med den kunskapen kan du förändra allt.

**BOB PROCTOR**

*Om du ser det för ditt inre, kommer du få det att hända.*

Om du kan hålla fast vi tankarna på det du vill uppnå och göra dem till dina främsta tankar, då *kommer* det att förverkligas i ditt liv.

## MIKE DOOLEY

### FÖRFATTARE OCH FÖREDRAGSHÅLLARE

*Och den här principen kan sammanfattas i tre enkla ord.* Dina tankar manifesteras!

Genom denna oerhört kraftfulla lag skapar dina tankar konkreta resultat i ditt liv. Dina tankar blir till! Säg det till dig själv och låt det sjunka in i ditt medvetande. Dina tankar manifesteras!

## JOHN ASSARAF

*Vad de flesta människor inte förstår är att tankar har en frekvens. Vi kan mäta en tanke. Så om du tänker en tanke om och om och om igen, om du föreställer dig för ditt inre att du har den där splitternya bilen, har alla pengar du behöver, bygger upp det där företaget, hittar din perfekta partner … om du föreställer dig hur det ser ut i ditt liv kommer du konsekvent att signalera ut den frekvensen.*

## JOE VITALE

*Tankar sänder ut en magnetisk signal som gör att tankarnas motsvarighet dras till dig.*

”Den mest framträdande tanken eller mentala attityden är magneten. Lagen fungerar så att människor och företeelser med liknande frekvenser dras till varandra. Följaktligen kommer den mentala attityden undantagslöst att dra till sig sådana omständigheter som motsvarar dess beskaffenhet."

*Charles Haanel* (1886–1949)

Tankar är magnetiska och tankar har en frekvens. När du tänker skickas dina tankar ut i universum och som magneter drar de till sig allt liknande som är på samma frekvens. Allting som sänds ut återvänder till källan. Och denna källa är Du.

Se det så här: vi vet att en tv-mast sänder ut signaler på en viss frekvens, som sedan förvandlas till bilder i din tv. De flesta av oss förstår egentligen inte hur det fungerar, men vi vet att varje kanal har en frekvens och när vi ställer in den frekvensen ser vi bilder i vår tv. Vi väljer frekvens genom att välja kanal och sedan tar vi emot de program som sänds på den kanalen. Om vi vill se andra program byter vi kanal och ställer in en ny frekvens.

Du är en *mänsklig* tv-mast och du är starkare än vilken mast som helst i hela världen. Du är den mest kraftfulla masten i universum. Det du utstrålar skapar ditt liv och det skapar världen. Den frekvens du sänder på når långt bortom städer, bortom länder, bortom världen. Den genljuder i hela universum. Och du sänder ut den här frekvensen *med dina tankar*!

De bilder du tar emot från de tankar du sänder ut uppstår inte på en tv-skärm i ditt vardagsrum, de är de bilder som uppstår i ditt liv! Dina tankar skapar frekvensen, de drar till sig *liknande* energi på den frekvensen och sedan skickas de tillbaka till dig i form av de "bilder" som pågår i ditt liv. Om du vill förändra någonting i ditt liv, byt kanal och frekvens genom att förändra dina tankar.

"De mentala krafternas vibrationer har den högsta frekvensen och är därmed de allra starkaste i vår tillvaro."

Charles Haanel

## BOB PROCTOR

*Se dig själv leva i överflöd, så kommer du att dra till dig det. Det fungerar alltid, för alla människor.*

När du ser dig själv leva i överflöd bestämmer du ditt liv på ett kraftfullt och medvetet sätt genom lagen om attraktion. Så enkelt är det. Och sedan uppstår naturligtvis frågan: "Varför lever inte alla sina drömmars liv?"

Dra till dig det goda,
i stället för det dåliga

## JOHN ASSARAF

*Det här är problemet. De flesta människor tänker på det de inte vill ha, och de undrar varför det dyker upp i deras liv om och om igen.*

Enda anledningen till att människor inte uppnår det de vill, är att de tänker mer på det de *inte* vill ha än på det de faktiskt vill ha.

Lyssna på dina tankar och lyssna på de ord du säger. Lagen är absolut och det förekommer inga misstag.

En epidemi värre än alla farsoter som mänskligheten har skådat har härjat i århundraden. Det är ”inte vill”-epidemin. Människor håller i gång den här epidemin när de till övervägande delen tänker på, talar om, agerar utifrån och riktar sin uppmärksamhet mot det de ”inte vill”. Men vår generation kommer att ändra på det här eftersom vi nu får tillgång till den kunskap som kan befria oss från denna epidemi! Det börjar med dig, och du kan bli en pionjär i denna nya tankerörelse genom att helt enkelt tänka på och tala om det du vill uppnå.

**BOB DOYLE**

*Lagen om attraktion bryr sig inte om ifall du uppfattar något som bra eller dåligt, eller om du vill ha det eller inte vill ha det. Den svarar på dina tankar. Om du är upp över öronen skuldsatt och mår dåligt av det, är det den signal du sänder ut till universum. ”Jag mår så dåligt på grund av alla skulder jag har.” På så sätt bekräftar du det för dig själv. Du känner det i hela dig, på alla nivåer. Då är det precis det som du kommer att få mer av.*

Lagen om attraktion är en naturlag. Den är opersonlig och den skiljer inte på vad som är bra eller dåligt. Den tar emot dina tankar och speglar dem tillbaka till dig i form av livsupplevelser. Lagen om attraktion ger dig helt enkelt precis det som du tänker på.

## LISA NICHOLS

### FÖRFATTARE OCH INSPIRATÖR I PERSONLIG UTVECKLING

*Lagen om attraktion är väldigt lydig. När du tänker på det du vill ha och koncentrerar dig på det med hela din kraft och intention, då kommer lagen om attraktion att ge dig precis vad du vill ha, det slår aldrig fel. När du ägnar din uppmärksamhet åt det du inte vill ha, till exempel: "Jag vill inte komma för sent", hör inte lagen om attraktion att du inte vill ha det. Den manifesterar bara det du tänker på och därmed dyker det upp i ditt liv om och om igen. Lagen om attraktion tar inte ställning till vad du vill eller inte vill. När du riktar din uppmärksamhet mot något, oavsett vad det råkar vara, framkallar du i själva verket det och gör det till verklighet.*

När du riktar dina tankar mot något du vill uppnå och koncentrerar hela din uppmärksamhet på det, då kallar du i det ögonblicket på det du vill ha med den starkaste kraften i universum. Lagen om attraktion tar inte hänsyn till "nej" eller "inte" eller några andra negationer. När du använder negationer är det här vad lagen om attraktion hör:

"Jag vill inte spilla på mina kläder."

> *"Jag vill spilla på de här kläderna och sedan vill jag spilla igen."*

"Jag vill inte att klippningen ska misslyckas."

> *"Jag vill att klippningen ska misslyckas."*

"Jag vill inte bli försenad."

*"Jag vill ha förseningar."*

"Jag vill inte att den här personen ska vara otrevlig mot mig."

*"Jag vill att den här personen och många flera ska vara otrevliga mot mig."*

"Jag vill inte att restaurangen ska ge vårt bord till någon annan."

*"Jag vill att restaurangen ska ge vårt bord till andra gäster."*

"Jag vill inte att de här skorna ska ge mig skoskav."

*"Jag vill att skor ska ge skoskav."*

"Jag klarar inte av allt det här arbetet."

*"Jag vill ha mer arbete än jag klarar av."*

"Jag vill inte få influensa."

*"Jag vill få influensa och andra sjukdomar också."*

"Jag vill inte gräla."

*"Jag vill gräla mer."*

"Tala inte så där till mig."

*"Jag vill att du ska tala så där till mig och jag vill att andra människor ska tala så där till mig."*

Lagen om attraktion ger dig vad du tänker på – punkt slut!

**BOB PROCTOR**

*Lagen om attraktion fungerar alltid, vare sig du tror på den och förstår den eller inte.*

Lagen om attraktion är skapelsens lag. Kvantfysikerna berättar för oss att hela universum har uppstått ur tanken! Du skapar ditt liv genom dina tankar och genom lagen om attraktion, och alla människor gör precis samma sak. Det är inte så att lagen om attraktion bara fungerar om du känner till den. Den har alltid varit aktiv i ditt liv och i alla andra människors liv i alla tider. När du blir *medveten* om denna betydelsefulla lag blir du också mer *medveten* om vilken fantastisk kraft du besitter som kan *tänka* fram ditt liv.

### LISA NICHOLS

*Den är aktiv i samma utsträckning som dina tankar. Så snart dina tankar flödar, träder också lagen om attraktion i kraft. När du tänker på det förflutna är lagen om attraktion aktiv. När du tänker på nuet eller framtiden är lagen om attraktion aktiv. Det är en ständigt pågående process. Det går inte att trycka på paus-knappen, det går inte att trycka på stopp. Den är alltid aktiv, liksom dina tankar.*

Oavsett om vi inser det eller inte, tänker vi för det mesta. Om du talar eller lyssnar på någon tänker du. Om du läser tidningen eller tittar på tv tänker du. När du drar dig till minnes något från det förflutna tänker du. När du kör bil tänker du. När du klär på dig och gör dig i ordning på morgonen tänker du. För många av oss är det bara när vi sover som vi inte tänker. Men lagen om attraktion verkar ändå utifrån de tankar vi tänkte innan vi somnade. Gör de tankarna du har innan du somnar till positiva tankar.

### MICHAEL BERNARD BECKWITH

*Alla människor skapar hela tiden. Varje gång någon har*

*en tanke eller ett tänkesätt under en längre tid, är han eller hon aktiv i den skapande processen. Någonting kommer att manifesteras som ett resultat av dessa tankar.*

Det du tänker nu skapar ditt framtida liv. Du skapar ditt liv med dina tankar. Eftersom du alltid tänker skapar du alltid. Det du tänker på mest eller ägnar mest uppmärksamhet åt är det som kommer att förverkligas i ditt liv.

Liksom med alla andra naturlagar finns det en fullkomlig perfektion i lagen om attraktion. Du skapar ditt liv. Det du sår får du också skörda! Dina tankar är dina frön, och den skörd du får är beroende av vilka frön du planterar.

Om du klagar kommer lagen om attraktion att föra in fler situationer i ditt liv som du kan klaga på. Om du lyssnar på någon som klagar, ägnar din uppmärksamhet åt det och sympatiserar och håller med, drar du i det ögonblicket till dig fler situationer som du också kan klaga på.

Lagen fungerar helt enkelt så att den speglar och ger dig tillbaka precis det som du ägnar dina tankar och din uppmärksamhet åt. Med denna kunskap kan du fullständigt förändra hela din tillvaro och det som händer dig, bara genom att förändra ditt sätt att tänka.

## BILL HARRIS

### LÄRARE OCH GRUNDARE TILL CENTERPOINTE RESEARCH INSTITUTE

*Jag hade en student som heter Robert. Han deltog i en distanskurs som jag ger via internet. I en av delkurserna har eleverna och jag mejlkontakt.*

*Robert är homosexuell. I sina brev till mig beskrev han in i minsta detalj den hemska verklighet han levde i. På jobbet gaddade arbetskamraterna ihop sig mot honom. Han levde med ständig stress på grund av deras otrevliga beteende mot honom. När han var ute på stan blev han påhoppad av människor som ogillar homosexuella och som skymfade honom på olika sätt. Han ville bli ståupp-komiker och en gång när han uppträdde häcklade publiken honom för att han var homosexuell. Hela hans liv var bara olycka och elände och allt handlade om hur han blev angripen för att han var homosexuell.*

*Jag började förklara för honom att han riktade sin uppmärksamhet mot det han inte ville ha. Jag bad honom att läsa vad han hade skrivit till mig och sa: "Se här på allt det som du inte vill ha, som du berättar för mig. Det märks att du är väldigt engagerad i allt det här, och när du koncentrerar dig på något med en sådan stark intensitet, då gör det att det kommer till dig ännu fortare!"*

*Efter ett tag började han ta till sig vikten av att koncentrera sig på det han faktiskt ville uppleva och bestämde sig för att verkligen pröva det. Det som hände under de kommande sex till åtta veckorna var ett fullkomligt mirakel. De som hade trakasserat honom på arbetet blev antingen förflyttade till en annan avdelning, slutade på företaget eller upphörde med att ge sig på honom. Han började trivas på arbetet igen. När han var ute på stan råkade han inte längre ut för människor som trakasserade honom. Han mötte dem helt enkelt inte längre. När han uppträdde som ståuppare fick han i stället stående ovationer och ingen häcklade honom längre!*

*Roberts liv förändrades därför att han bytte fokus, bort från det han inte ville ha, det han var rädd för och det han ville undvika, till det han ville uppnå och uppleva.*

Roberts liv förändrades därför att han förändrade sina tankar. Han sände ut en annan frekvens i universum. Universum *måste* leverera de bilder som stämmer överens med den nya frekvensen, oavsett hur omöjlig situationen kan verka. Roberts nya tankar blev hans nya frekvens och bilderna förändrades i hela hans liv.

Ditt liv är i dina händer. Oavsett var du befinner dig nu, oavsett vad som har hänt i ditt liv, kan du börja med att medvetet välja dina tankar och därigenom förändra ditt liv. Det finns inget sådant som en hopplös situation. Alla omständigheter i ditt liv kan förändras!

## Kraften i dina tankar

**MICHAEL BERNARD BECKWITH**

*Du drar till dig det som motsvarar de mest förhärskande tankarna i ditt sinne, oavsett om de är medvetna eller omedvetna. Häri ligger svårigheten.*

Vare sig du har varit medveten om dina tankar i det förflutna eller inte, håller du på att bli medveten *nu*. Just nu, med kunskapen om Hemligheten, håller du på att vakna ur en djup sömn och bli medveten! Medveten om kunskapen, medveten om lagen och medveten om den kraft dina tankar besitter.

## JOHN DEMARTINI

*Om du är riktigt uppmärksam när det gäller Hemligheten och funderar på sinnets och intentionens kraft i vårt dagliga liv, finns den överallt omkring oss. Det enda vi behöver göra är att öppna våra ögon och se efter.*

## LISA NICHOLS

*Man kan se lagen om attraktion överallt. Vi drar till oss allting i livet. Andra människor, vårt arbete, situationer, vår hälsa, vårt välstånd, våra skulder, vår glädje, bilen vi kör och det samhälle vi lever i. Du har dragit till dig allt detta som en magnet. Det du tänker på är vad du skapar i ditt liv. Hela ditt liv är en manifestation av de tankar som pågår i ditt huvud.*

Det universum vi lever i omfattar allt och utesluter inget. Ingenting är undantaget lagen om attraktion. Ditt liv är en spegelbild av dina mest framträdande tankar. Alla levande varelser på vår jord lyder under lagen om attraktion. Det som särskiljer oss människor från andra arter är att vi har ett medvetande som kan urskilja. Vi kan använda vår fria vilja för att *välja* våra tankar. Vi besitter förmågan att avsiktligt tänka och att skapa vårt liv med våra tankar.

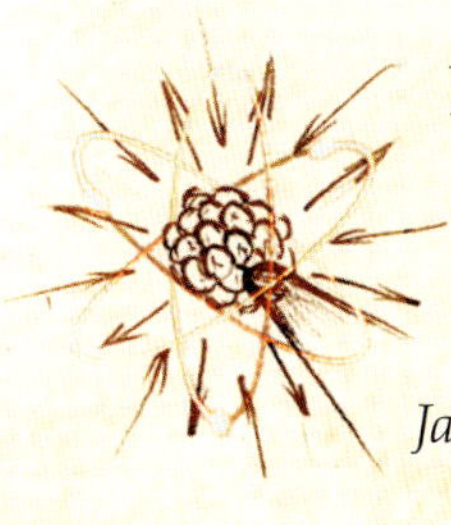

## DR FRED ALAN WOLF

### KVANTFYSIKER, FÖRELÄSARE OCH PRISBELÖNT FÖRFATTARE

*Jag talar inte om önsketänkande eller inbillning. Jag talar om en djupare, grundläggande förståelse.*

*Kvantfysiken börjar verkligen peka på den här upptäckten. Den säger att det finns inget universum utan ett medvetande, och att medvetandet i själva verket formar just det som det uppfattar.*

Om du tänker på liknelsen om att vara den starkaste tv-masten i universum, kommer du att se den perfekta överensstämmelsen med Fred Alan Wolfs ord. Ditt sinne tänker tankar och bilderna sänds tillbaka till dig i form av livsupplevelser. Du skapar inte bara ditt liv med dina tankar, utan dina tankar bidrar också på ett kraftfullt sätt till att skapa världen. Om du tror att du är obetydlig och inte har någon påverkan i den här världen, tänk om. Ditt sinne formar i själva verket världen omkring dig.

Kvantfysikernas fantastiska forskning och upptäckter under de senaste åttio åren har lett fram till en större kunskap om det mänskliga sinnets oändliga förmåga att skapa. Deras slutsatser överensstämmer med det som världens främsta tänkare har sagt, bland andra Carnegie, Emerson, Shakespeare, Bacon, Krishnamurti och Buddha.

**BOB PROCTOR**

*Om du inte förstår lagen betyder det inte att du ska avfärda den. Du kanske inte förstår hur elektricitet fungerar, men du kan ändå använda dig av den. Jag vet inte hur den fungerar. Men det här vet jag: Man kan använda elektricitet för att sätta på spisen och laga en god måltid, men man kan också använda den till att bränna vid samma måltid.*

## MICHAEL BERNARD BECKWITH

*När människor börjar förstå den stora Hemligheten händer det ofta att de blir rädda för alla negativa tankar. Man bör vara medveten om att det har bevisats vetenskapligt att en positiv tanke är hundratals gånger starkare än en negativ tanke. Bara det gör att man kan undanröja onödig oro.*

Det krävs alltså många negativa tankar och ett ständigt negativt tänkande för att framkalla något negativt i ditt liv. Men om du håller fast vid negativa tankar under en längre tid, då *kommer* de att dyka upp i ditt liv. Om du oroar dig för att du har negativa tankar kommer du att dra till dig mer oro och på samma gång mångfaldiga dina negativa tankar. Bestäm dig här och nu för att du bara ska tänka goda tankar. Deklarera samtidigt för universum att alla dina goda tankar är starka, och att eventuella negativa tankar är svaga.

## LISA NICHOLS

*Tack och lov för att det finns en tidsförskjutning, att alla våra tankar inte förverkligas ögonblickligen. Då skulle vi verkligen få problem. Den här tidsfördröjningen är en fördel. Den gör det möjligt för oss att omvärdera, att fundera över vad vi vill egentligen och att göra nya val.*

All kraft du behöver för att skapa ditt liv finns tillgänglig här och nu, för det är precis nu som du tänker. Om du har haft tankar som inte skulle vara till fördel för dig om de manifesterades, då kan du förändra dina tankar med detsamma. Du kan radera dina tidigare tankar genom att ersätta dem med goda tankar. Tiden är vår medhjälpare eftersom vi kan tänka nya tankar och sända ut en ny frekvens, *nu*!

## JOE VITALE

*Det är viktigt att vara medveten om dina tankar och att välja dem noggrant. Du kan leka och ha roligt med det här eftersom du är mästerverket i ditt eget liv. Du är Michelangelo i ditt eget liv. Den David du skulpterar är dig själv.*

Ett sätt att bemästra sinnet är att lära sig stilla tankarna. Alla lärare i den här boken, utan undantag, använder sig av meditation varje dag. Det var inte förrän jag upptäckte Hemligheten som jag insåg hur effektiv meditation kan vara. Meditation stillar tankarna, hjälper dig att styra dina tankar och ger ny livskraft åt din kropp. De goda nyheterna är att du inte måste meditera flera timmar varje dag. Bara tio minuter om dagen till att börja med kan vara till god hjälp för att ta kontrollen över dina tankar.

För att bli *medveten* om dina tankar kan du också uttala följande avsikt: "Jag är herre över mina tankar." Säg det ofta, meditera över det. När du håller fast vid denna avsikt måste du, utifrån lagen om attraktion, bli det.

Du får nu tillgång till den kunskap som kommer att göra det möjligt för dig att skapa den mest storslagna versionen av Dig. Möjligheten att förverkliga den här versionen av dig existerar redan på frekvensen "den mest storslagna versionen av Dig". Bestäm vem du vill vara, vad du vill ha och göra, tänk dig det, sänd ut frekvensen och din vision kommer att bli ditt liv.

# *Hemligheten i sammanfattning*

- *Lagen om attraktion är livets stora hemlighet.*

- *Lagen om attraktion säger att människor och företeelser med liknande frekvenser dras till varandra, så när du tänker en tanke drar du samtidigt till dig liknande tankar.*

- *Tankar är magnetiska och tankar har en frekvens. När du tänker sänds dina tankar ut i universum och likt magneter drar de till sig andra liknande tankar som befinner sig på samma frekvens. Allt som sänds ut återvänder till källan – det vill säga till dig.*

- *Du är som en mänsklig tv-mast och du sänder ut en frekvens med dina tankar. Om du vill förändra någonting i ditt liv, förändra frekvensen genom att förändra dina tankar.*

- *Dina nuvarande tankar skapar ditt framtida liv. Det du tänker på eller ägnar din uppmärksamhet åt allra mest kommer att bli en del av ditt liv.*

- *Dina tankar blir till verklighet.*

# *Hemligheten enkelt förklarad*

**MICHAEL BERNARD BECKWITH**

*Vi lever i ett universum där det finns lagar, precis som lagen om gravitation. Om du ramlar ner från ett högt hus spelar det ingen roll om du är en god eller dålig människa, du kommer ändå att slå i marken.*

Lagen om attraktion är en naturlag. Den är lika opartisk och opersonlig som lagen om gravitation. Den är mycket precis och exakt.

**JOE VITALE**

*Allt som omger dig just nu i ditt liv, även det som du klagar på, har du dragit till dig. Jag vet att det här är ett påstående som du vid första anblicken inte alls gillar. Du kommer genast att tycka: "Jag har inte dragit till mig den där bilolyckan. Jag har inte dragit till mig den där kunden som är så besvärlig. Jag har inte dragit till mig mina skulder." Min uppgift är att ifrågasätta dina konstateranden och säga, jo, du har faktiskt dragit dem till dig. Det här är ett av de svåraste begreppen att ta till sig, men när man väl har accepterat det kan det förändra hela ens liv.*

Ofta när människor får höra talas om den här delen av Hemligheten tänker de på historiska händelser då många människoliv gick till spillo. Man tycker att det är ofattbart att så många människor skulle ha dragit till sig ett sådant stort lidande. Men enligt lagen om attraktion måste de helt enkelt ha befunnit sig på samma frekvens som själva händelsen. Det innebär inte nödvändigtvis att de hade tänkt sig något sådant, utan att frekvensen på deras tankar överensstämde med händelsens frekvens. Om människor tror att man kan vara på fel plats vid fel tillfälle och att man inte har någon kontroll över yttre omständigheter, kan de här tankarna som präglas av rädsla, separation och maktlöshet – om de är tillräckligt ihållande – göra att dessa människor dras till en situation där de är på fel plats vid fel tillfälle.

Du kan välja här och nu. Vill du tro att allt som händer bara är en ren tillfällighet och att något negativt kan hända dig när som helst? Vill du tro på tanken att du kan vara på fel plats vid fel tillfälle? Att du inte har någon kontroll över yttre omständigheter?

Eller vill du tro och *veta* att din livsupplevelse ligger i dina händer och att bara *gott* kan komma in i ditt liv för att det är så du tänker? Du har möjlighet att välja, och det du väljer att tro *blir* det du upplever i ditt liv.

Ingenting kan bli din livsupplevelse som inte är ett resultat av dina djupt rotade och ihållande tankar.

**BOB DOYLE**

*För de flesta fungerar dragningskraften omedvetet och au-*

*tomatiskt. Vi tror helt enkelt att vi inte har någon kontroll över den. Våra tankar och känslor går på autopilot och på så sätt kommer allting till oss utan att vi har gjort ett medvetet val.*

Ingen skulle någonsin med avsikt dra till sig något som de inte vill ha. Utan kunskapen om Hemligheten är det lätt att se hur oönskade händelser kan ha uppstått i ditt eller andra människors liv. De har helt enkelt uppstått ur en bristande medvetenhet om tankens skapande kraft.

### JOE VITALE

*Om det är första gången du hör det här kan det kännas som: "Jaha, så nu måste jag hela tiden tänka på vad jag tänker på? Det kommer att bli jobbigt." Det kan verka så till en början, men det är här det roliga börjar.*

Det roliga är att det finns många genvägar till Hemligheten och att du kan välja vilka genvägar som fungerar bäst för dig. Läs vidare, så kommer du att se hur.

## MARCI SHIMOFF

### FÖRFATTARE OCH FÖRELÄSARE INOM PERSONLIG UTVECKLING

*Det är omöjligt för oss att vara medvetna om allt vi tänker. Forskare säger att vi tänker cirka 60 000 tankar varje dag. Kan du föreställa dig hur utmattad du skulle bli om du försökte styra varenda en av dem? Som tur är finns det ett lättare sätt och det är våra känslor. Våra känslor talar om för oss vad vi tänker.*

Känslornas betydelse kan inte nog betonas. Känslorna är det främsta redskap du har till din hjälp för att skapa ditt liv. Dina tankar är den primära orsaken till allt. Allt annat du ser och upplever i den här världen är en effekt, och det innefattar även dina känslor. Orsaken är alltid dina tankar.

**Bob Doyle**

*Känslorna är en fantastisk gåva och förmåga vi har som talar om för oss vad vi tänker.*

Dina känslor kan mycket snabbt tala om för dig vad du tänker. Dra dig till minnes ett tillfälle när ditt humör plötsligt sjönk i botten – kanske när du fick höra dåliga nyheter. Den där känslan i maggropen eller i solar plexus dök upp med detsamma. Känslorna är alltså en omedelbar signal som talar om för dig vad du tänker.

Det är viktigt att bli mer *medveten* om vad du känner, att vara i kontakt med dina känslor, eftersom det är det snabbaste sättet att ta reda på vad du tänker.

**Lisa Nichols**

*Det finns två sorters känslor: bra känslor och dåliga känslor. Du kan känna skillnad mellan dem eftersom den ena sorten får dig att må bra och den andra får dig att må dåligt. De dåliga känslorna är känslor som nedstämdhet, ilska, bitterhet och skuldkänslor, som inte hjälper dig att känna dig stark och handlingskraftig.*

Ingen kan tala om för dig om du mår bra eller dåligt, eftersom du är den enda som vet vad du känner vid någon given tidpunkt. Om du inte är säker på vad du känner, behöver du bara fråga dig själv: "Hur känner jag mig just nu?" Stanna upp och ställ den här frågan ofta under dagens lopp. När du gör det kommer du att bli mer *medveten* om hur du känner dig.

Det viktigaste att veta är att det är en omöjlighet att ha negativa känslor och samtidigt ha positiva tankar. Det skulle gå emot lagen, eftersom det är dina tankar som ger upphov till känslorna. Om du mår dåligt beror det på att du tänker tankar som får dig att må dåligt.

Dina tankar avgör din frekvens och dina känslor talar genast om vilken frekvens du befinner dig på. När du mår dåligt befinner du dig på en frekvens där du drar till dig fler dåliga upplevelser. Lagen om attraktion *måste* svara genom att skicka dig fler bilder av dåliga upplevelser och mer av det som får dig att må dåligt.

När du mår dåligt och inte anstränger dig för att förändra dina tankar så att ska må bättre säger du i själva verket: "Ge hit fler omständigheter som får mig att må dåligt. Hit med dem bara!"

### Lisa Nichols

*De goda nyheterna är att det också finns bra och positiva känslor. Du vet när de kommer eftersom de får dig att må bra. Upprymdhet, glädje, tacksamhet, kärlek. Föreställ dig hur det skulle vara om vi kunde känna så varje dag. När du gläder dig åt de goda känslorna drar du till dig fler goda känslor och det som får dig att må bra.*

### Bob Doyle

*Det hela är väldigt enkelt. "Vad är det jag drar till mig just nu?" Hur mår du, då? "Jag mår bra" Mycket bra, fortsätt med det.*

Det är omöjligt att må bra och samtidigt ha negativa tankar. Om du mår bra beror det på att du tänker positiva tankar. Du förstår att du kan få precis det du vill ha i livet, utan några som helst begränsningar. Det finns bara en hake: Du måste hysa positiva känslor. Och vid närmare eftertanke, är det inte precis det du önskar dig? Lagen är verkligen perfekt.

**MARCI SHIMOFF**

*Om du mår bra skapar du en framtid som ligger i linje med det du önskar dig. Om du mår dåligt skapar du en framtid som inte stämmer överens med dina önskningar. Varje dag, varenda sekund, vad du än gör, är lagen om attraktion aktiv. Allt vi tänker och känner skapar vår framtid. Om du känner oro eller rädsla, då skapar du mer av det i ditt liv och under din dag.*

När du mår bra måste du tänka goda tankar. Därmed är du på rätt spår och sänder ut en stark frekvens som gör att du drar till dig fler goda ting som får dig att må bra. Fånga de här ögonblicken när du mår bra och gör mesta möjliga av dem. Var medveten om att när du mår bra, då besitter du en stark kraft att dra till dig fler positiva upplevelser.

Låt oss gå ett steg länge. Tänk om det är så att dina känslor i själva verket är ett budskap från *universum* som talar om för dig vad du tänker?

**JACK CANFIELD**

*Våra känslor är en feedbackmekanism som visar om vi är på rätt spår eller inte.*

Kom ihåg att dina tankar är den primära orsaken till allt. När du upprätthåller en tanke sänds den genast ut i universum. Den här tanken knyter sedan an magnetiskt till samma frekvens, och på några sekunder återvänder den sedan till dig genom dina känslor. Med andra ord kan man säga att dina känslor är en kommunikation tillbaka till dig från universum, som talar om för dig vilken frekvens du för närvarande befinner dig på. *Dina känslor ger dig alltid feedback om din frekvensnivå!*

När du har positiva känslor är det ett meddelande från universum som säger: "Du tänker positiva tankar." På samma sätt är det när du mår dåligt, då får du en återkoppling från universum som säger: "Du tänker dåliga tankar."

När du mår dåligt är det alltså ett budskap från universum som säger: "Varning! Förändra dina tankar nu. Negativ frekvens uppfattad. Byt frekvens. Nedräkning inför manifestering. Varning!"

Nästa gång du mår dåligt eller har en negativ känsla, lyssna på signalen du får från universum. I det ögonblicket lägger du i själva verket hinder i vägen för att det goda som är ditt ska kunna komma till dig, därför att du befinner dig på en negativ frekvens. Förändra dina tankar och tänk på något positivt. När de positiva känslorna börjar komma vet du att det beror på att Du har bytt till en ny frekvens, och att universum har bekräftat det i form av fler positiva känslor.

**BOB DOYLE**

*Du får precis det som du* känner, *inte så mycket det du tänker på.*

*Det är orsaken till att människor ofta kommer in i en ond cirkel om de slår i tån när de kliver ur sängen på morgonen.*

*Hela dagen blir alldeles upp och ner. De flesta har ingen aning om att de bara genom att förändra sina känslor kan förändra hela sin dag – och hela sitt liv.*

*Om du börjar din dag i en positiv anda och känner dig glad och tillfreds, då kommer du – så länge som du inte låter någonting påverka din sinnesstämning i en annan riktning – i enlighet med attraktionslagen att fortsätta dra till dig fler situationer och människor som förstärker dina positiva känslor.*

Vi har alla upplevt dagar och tillfällen när det ena efter det andra har gått fel. Kedjereaktionen börjar med en enda tanke, oavsett om du är medveten om den eller inte. Den här dåliga tanken drar till sig fler dåliga tankar, den påverkar din frekvens och till slut går någonting fel. När du sedan reagerar på det som gick fel drar du till dig ytterligare sådant som går fel. Känsloreaktioner gör att du drar till dig mer av samma sak, och kedjereaktionen måste fortsätta tills du lämnar den här frekvensen genom att avsiktligt förändra dina tankar.

Du kan förändra dina tankar till det du vill ha och få bekräftelse genom dina känslor på att du har bytt frekvens. Lagen om attraktion kommer sedan att fånga upp den här nya frekvensen och skicka den tillbaka till dig i form av nya bilder i ditt liv.

Det är här du kan börja använda dina känslor för att ge kraft och energi åt det du vill ha i ditt liv.

Du kan avsiktligt och målmedvetet använda dina känslor för att signalera en ännu mera kraftfull frekvens genom att lägga till *känslor* till dina tankar om det du vill ha.

**MICHAEL BERNARD BECKWITH**

*Du kan börja redan nu att känna dig frisk. Du kan börja*

*känna dig rik. Du kan börja känna all den kärlek som omger dig, även om den inte finns där just nu. Det som händer är att universum svarar an på tonen i din sång. Universum svarar an på den där inre känslan och manifesterar den, därför att det är vad du känner.*

Vad känner du nu? Ägna en liten stund åt att tänka på hur du känner dig. Om dina känslor inte är så positiva som du skulle vilja, inrikta dig på att *känna* dina känslor och på att avsiktligt lyfta dem. När du koncentrerar dig intensivt på att höja din frekvens kan du lyfta dina känslor på ett mycket effektivt sätt. Ett bra knep är att sluta ögonen (för att utestänga distraherande synintryck), koncentrera dig på dina känslor och le i en minut.

**LISA NICHOLS**

*Dina tankar och dina känslor skapar ditt liv. Det kommer alltid att vara så. Garanterat!*

Precis som med gravitationslagen finns det inga undantag när det gäller attraktionslagen. Det händer aldrig att man ser grisar flyga för att gravitationslagen har gjort ett misstag och glömt att tillämpa tyngdlagen på grisar just den här dagen. På samma sätt finns det inga undantag när det gäller attraktionslagen. Om något har kommit till dig beror det på att du har dragit det till dig genom dina tankar. Lagen om attraktion är exakt och precis.

**MICHAEL BERNARD BECKWITH**

*Det här kan vara svårt att smälta, men när vi börjar öppna oss för möjligheten kan vi se allt det fantastiska som följer.*

*Det betyder att allt det som dina tankar har åstadkommit i ditt liv, det kan du förändra genom att förändra din medvetenhet.*

Du har makten att förändra vad som helst, för det är du som väljer dina tankar och det är du som känner dina känslor.

"Du skapar ditt eget universum steg för steg."

Winston Churchill

### Joe Vitale

*Det är verkligen viktigt att du mår bra, för det är de positiva känslorna som signalerar till universum och gör att du drar till dig det som hjälper dig att må bra. Ju bättre du mår, desto mer kommer du att dra till dig det som hjälper dig att må bra, så att du kommer in i en god spiral som hela tiden för dig högre och högre upp.*

### Bob Proctor

*När du känner dig nere, vet du om att du kan ändra på det på ett ögonblick? Sätt på någon bra musik eller börja sjunga – det kommer att förändra dina känslor. Eller tänk på något vackert. Ägna en stund åt att tänka på ett litet barn eller på någon eller något som du verkligen älskar. Håll fast vid den här tanken. Uteslut alla andra tankar än den här. Jag kan garantera att du genast kommer att börja må bra.*

Gör en lista på några sådana här hemliga knep som du kan ta till. Med hemliga knep menar jag sådant som kan förändra dina känslor på ett litet ögonblick. Det kan vara härliga minnen, framtida händelser, lustiga händelser, naturen, någon som du älskar, din favoritmusik. Om du sedan blir arg eller frustrerad eller inte mår bra, ta då fram din lista över hemliga knep och välj något av dem. Några knep fungerar bra vid olika tillfällen, så om ett knep inte fungerar, pröva ett annat. Det tar bara någon minut eller två att rikta uppmärksamheten mot ett annat håll, så att du kan förändra dina känslor och byta frekvens.

## *Kärlek: Den största känslan*

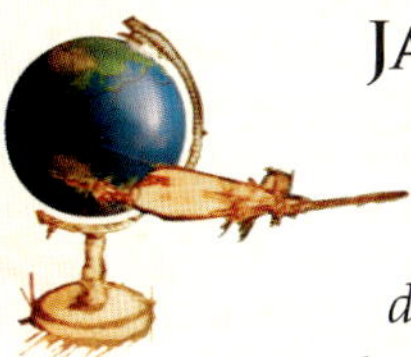

### JAMES RAY

**FILOSOF, FÖRFATTARE OCH KURSLEDARE**

*Principen om att må bra gäller till exempel för dina husdjur. Djur är fantastiska eftersom de gör oss glada och positiva till sinnet. När du känner kärlek till ditt husdjur kommer detta fantastiska tillstånd av kärlek att föra in det goda i ditt liv. Och vilken gåva det är.*

”Det är kombinationen av tankar och kärlek som bildar den oemotståndliga kraft som attraktionslagen utövar.”

*Charles Haanel*

Det finns ingen större kraft i universum är kärlekens kraft. Känslan av kärlek är den högsta frekvensen vi kan sända ut. Om du kan svepa in varje tanke i kärlek, om du kan älska allt och alla, då kan ditt liv förvandlas helt och hållet.

I själva verket har många av de stora tänkarna från det förflutna talat om lagen om attraktion som lagen om kärlek. När man tänker närmare på saken förstår man varför. Om du tänker ovänliga tankar om någon annan kommer du att få uppleva att de här ovänliga tankarna manifesteras i ditt liv. Du kan inte skada andra med dina tankar, du skadar bara Dig själv. Om du tänker kärleksfulla tankar, gissa vem som drar fördel av det – du själv! Om ditt mest förhärskande tillstånd är kärlek, då svarar lagen om attraktion eller lagen om kärlek med den största kraften eftersom du befinner dig på högsta möjliga frekvens. Ju mer kärlek du känner och sänder ut, desto mer kraft får du tillgång till.

> ”Principen som ger dynamisk kraft åt tanken att växelverka med det man tänker på, och som därmed ger människor möjlighet att bemästra ogynnsamma livsupplevelser och erfarenheter, är lagen om attraktion, som är ett annat namn för kärlek. Det här är en evig och mycket grundläggande princip som är en del av hela livet, som finns med i alla filosofiska system, i alla religioner och i all vetenskap. Det går inte att komma ifrån lagen om kärlek. Det är känslan som skänker vitalitet åt tanken. Känslan är lust och längtan, och lust och längtan

är kärlek. Tankar genomsyrade av kärlek blir oövervinneliga."

*Charles Haanel*

**MARCI SHIMOFF**

*När du väl börjar förstå och verkligen kan bemästra dina tankar och känslor, det är då du kan se hur du skapar din egen verklighet. I det ligger din frihet, i det ligger all din kraft.*

Marci Shimoff visade mig ett fantastiskt citat av Albert Einstein: "Den viktigaste frågan som någon människa kan ställa sig är: 'Är det här ett vänligt sinnat universum?'"

När vi känner till lagen om attraktion är det enda svar vi kan ge: "Ja, universum är vänligt sinnat."Varför? Jo, varje gång du svarar på det sättet, då måste du i kraft av attraktionslagen också uppleva det. Albert Einstein ställde den här frågan därför att han kände till Hemligheten. Han visste att han genom att ställa frågan skulle tvinga oss att tänka efter och göra ett val. Han gav oss en fantastisk möjlighet bara genom att ställa den här frågan.

För att ta Einsteins avsikt ett steg vidare kan du bekräfta och deklarera: "Det här är ett storslaget universum. Universum förser mig med allt det goda i livet. Universum verkar för mitt bästa på alla sätt. Universum stöder mig i allt jag gör. Universum uppfyller alla mina behov genast." Känn och vet att universum är vänligt sinnat!

### Jack Canfield

*Sedan jag lärde mig Hemligheten och började tillämpa den i mitt liv har mitt liv blivit verkligt magiskt. Jag tror att den sortens liv som alla drömmer om är vad jag lever varje dag. Jag bor i ett stort hus som är värt över 30 miljoner kronor. Jag har en underbar fru. Jag kan åka på semester till världens allra mest fantastiska platser. Jag har klättrat i berg. Jag har utforskat världen. Jag har varit på safari. Och allt det här har hänt, och fortsätter att hända, därför att jag vet hur jag ska använda mig av Hemligheten.*

### Bob Proctor

*Livet kan vara absolut underbart fantastiskt. Det borde det vara, och det kommer det att vara, när du börjar använda Hemligheten.*

Det här är *ditt* liv, och det har väntat på att du ska upptäcka det! Hittills kanske du har sett livet som en kamp, och genom lagen om attraktion har du då också upplevt livet som en kamp. Börja nu med detsamma att ropa till universum: ”Livet är lätt! Livet är härligt! Allt gott kommer till mig nu!”

Det finns en sanning djupt inom dig som har väntat på att du ska upptäcka den, och denna sanning lyder så här: *Du förtjänar allt det goda som livet har att erbjuda*. Du vet det innerst inne, eftersom du mår så dåligt när du upplever en brist på det goda. Allt det goda i livet är din födslorätt! Du är den som skapar dig själv, och lagen om attraktion är det storslagna redskap med vars hjälp du kan skapa vad helst du vill ha i ditt liv. Välkomna livets magi och Din egen storslagenhet!

## Hemligheten i sammanfattning

- *Lagen om attraktion är en naturlag. Den är lika opartisk som gravitationslagen.*

- *Ingenting kan komma in i ditt liv om du inte har kallat till dig det genom dina mest grundläggande och ihållande tankemönster.*

- *För att veta vad du tänker, fråga dig hur du känner dig. Känslorna är ett värdefullt redskap som genast talar om för oss vad vi tänker.*

- *Det är omöjligt att må dåligt och samtidigt ha goda tankar.*

- *Dina tankar avgör din frekvens, och dina känslor talar genast om för dig vilken frekvens du befinner dig på. När du mår dåligt befinner du dig på en frekvens som gör att du drar till dig mer av det dåliga. När du mår bra drar du med stor kraft till dig mer av det som är bra.*

- *Hemliga knep, till exempel härliga minnen, naturen eller din favoritmusik, kan förändra dina känslor och din frekvens på ett ögonblick.*

- *Känslan av kärlek är den högsta frekvensen du kan signalera. Ju mer kärlek du känner och sänder ut, desto mer kraft får du.*

# Hur du använder Hemligheten

Du är en skapare, och det finns en enkel process för att skapa ditt liv med hjälp av lagen om attraktion. De mest framstående lärarna och avatarerna har berättat om den skapande processen på en mängd olika sätt. Somliga lärare har använt sig av berättelser för att illustrera hur universum fungerar. Den visdom som finns i deras berättelser har förts vidare från generation till generation under många hundra år och har blivit legendarisk. Många människor som lever i dag inser inte att kärnan i de här berättelserna är själva sanningen om livet.

**JAMES RAY**

*Om du tänker på Aladdin och hans lampa, minns du att Aladdin tar upp lampan, dammar av den och genast kommer anden fram ur lampan. Anden säger alltid en och samma sak:*

*"Din önskan är min lag!"*

*I sagan får Aladdin tre önskningar, men om du spårar berättelsen tillbaka till dess ursprung finns det inga som helst begränsningar när det gäller antalet önskningar.*

*Fundera över det.*

*Låt oss nu ta den här metaforen och tillämpa den i ditt liv. Kom ihåg att Aladdin är den som alltid ber om det han vill ha. Sedan har du universum i stort, som är anden. Traditionellt har den här anden kallats vid många olika namn – din heliga skyddsängel, ditt högre jag. Vi kan ge den vilken benämning som helst och du kan välja den som fungerar bäst för dig. Men alla traditioner har sagt oss att det finns något som är större än vi själva. Och anden säger alltid en och samma sak:*

*"Din önskan är min lag!"*

Den här underbara berättelsen visar hur hela ditt liv och allting i det har skapats av Dig. Anden har helt enkelt bara lytt alla dina befallningar. Anden är lagen om attraktion, och den finns alltid närvarande och lyssnar alltid på allt som du tänker, säger och gör. Anden utgår från att allt det du tänker på, det vill du ha! Att allting du talar om, det vill du ha! Att allting som du engagerar dig i är vad du vill ha! Du är universums härskare och andens uppgift är att tjäna dig. Anden ifrågasätter aldrig dina befallningar. När du tänker något börjar anden genast utöva sitt inflytande på universum genom människor, omständigheter och händelser, i syfte att uppfylla din önskan.

## Den skapande processen

Den skapande processen som används i Hemligheten och som är hämtad från Bibelns Nya Testamente, består av enkla riktlinjer med vars hjälp du kan skapa det du vill ha i tre enkla steg.

# Steg ett: Be om det du vill ha

### Lisa Nichols

*Det första steget är att be om det du vill ha. Ge universum din befallning. Tala om för universum vad det är du vill ha. Universum svarar på dina tankar.*

### Bob Proctor

*Vad vill du uppnå egentligen? Sätt dig ner och skriv ner det på ett papper. Skriv som om det är något du upplever här och nu. Du kan börja så här: "Jag är så glad och tacksam nu när ... " Och förklara sedan hur du vill att ditt liv ska vara på alla områden.*

Du får välja vad det är du vill ha, men du måste bli klar över vad du vill. Det är din uppgift. Om du inte är klar över vad du vill ha kan lagen om attraktion inte ge det till dig. Om du inte vet vad du vill sänder du ut otydliga budskap, och då kan du bara dra till dig otydliga resultat. Kanske för första gången i ditt liv, ta reda på vad det är du verkligen, verkligen vill. Nu när du vet att du kan få, bli eller göra precis vad som helst, och att det inte finns några begränsningar, vad vill du då?

Att be om det du vill ha är första steget i den skapande processen, så gör det till en vana att be om allt du vill ha. Om du måste välja och inte vet vilken väg du ska gå, be om hjälp! Du behöver aldrig köra fast. Bara be om hjälp!

### Joe Vitale

*Det här är riktigt roligt. Det är som att ha universum som din egen postorderkatalog. Du bläddrar igenom den och säger: "Jag vill ha den här upplevelsen och jag vill ha den där saken och jag vill ha en människa som är så här." Det är Du som gör din beställning hos universum. Det är faktiskt så här lätt.*

Du måste inte be om och om igen. Du behöver bara be om det du vill ha en gång. Det är precis likadant som att göra en beställning från en postorderkatalog. Man gör bara en beställning av det man vill ha. Du gör inte en beställning för att sedan börja tvivla på om den har blivit mottagen och därför göra samma beställning om och om igen. Du beställer bara en gång. Det är likadant med den skapande processen. Steg ett handlar helt enkelt om att klargöra för dig själv vad du vill. När du har gjort det, då har du också gjort din beställning.

## Steg två: Tro att det är verklighet

### Lisa Nichols

*Steg två är att tro. Tro på att det du önskar redan är ditt. Ha det jag kallar för orubblig förtröstan. Tro på det som inte går att se.*

Du måste tro att du redan har fått det du ber om. Du måste veta att det du vill ha är ditt i samma ögonblick som du ber om det. Du måste ha absolut, fullständig tilltro. Om du hade gjort en beställning från en postorderkatalog skulle du slappna av i vetskap om att du kommer att få det du har beställt, och sedan gå vidare med de sysslor du har för handen.

> ”Se de ting som du önskar dig redan som dina. Känn dig förvissad om att de kommer till dig när du behöver dem. Låt dem sedan komma. Låt bli att oroa dig och bekymra dig över det. Tänk inte på att du saknar dem. Se dem som dina, som om de tillhör dig, som om du redan har dem i din ägo.”
>
> Robert Collier (1885–1959)

I samma ögonblick som du ber om det du vill ha och tror på och vet att du redan har det på det osynliga planet, då skrider hela universum till handling för att det också ska manifesteras i den synliga världen. Du måste handla, tala och tänka som om du tar emot det nu. Varför? Universum är en spegel och lagen om attraktion speglar dina mest ihållande tankar tillbaka till dig. Verkar det då inte rimligt att du måste se framför dig att du får det du har bett om? Om du i dina tankar lägger märke till att du inte har fått det än, då kommer du att fortsätta dra till dig omständigheter som innebär att du fortfarande inte har fått det än. Du måste tro att du redan har det. Du måste tro att du redan har tagit emot det. Du måste sända ut *känslan* av att ha fått det du vill ha för att bilderna av det ska kunna återvända och förverkligas i ditt liv. När du gör det, då kommer lagen om attraktion på ett kraftfullt sätt att påverka alla omständigheter, människor och händelser så att du faktiskt får ta emot det.

När du bokar en semesterresa, beställer en alldeles ny bil eller köper ett hus vet du att de är dina. Du skulle inte boka en semesterresa till under samma tidsperiod eller köpa en bil eller ett hus till. Om du skulle vinna på lotteri eller ärva något, då vet du att pengarna är dina redan innan du har fått dem i din hand. Det här är känslan av att tro att det du har önskat dig redan är ditt. Det här är känslan av att tro att du redan har det. Det här är känslan av att tro att du har tagit emot det. Gör anspråk på det du vill ha genom att känna och tro att det är ditt. När du gör det kommer lagen om attraktion att påverka omständigheter, människor och händelser på ett kraftfullt sätt så att du får ta emot det du har önskat dig.

Hur ska du göra för att komma dithän att du verkligen vill? Börja låtsas. Var som ett barn och låtsas och fantisera. Handla som om du redan har det du önskar dig. När du fantiserar kommer du att börja tro att du har fått det. Anden svarar hela tiden på dina mest framträdande tankar, inte bara dem du har i det ögonblicket du ber. Det är därför du måste fortsätta att tro och veta även efter det att du har bett om det du vill ha. Ha tillit. Din tro på att du redan har det, den här osvikliga tilltron, det är i den du har din största kraft. När du tror på att du tar emot, håll dig beredd och se vilken magi som träder i kraft!

> ”Du kan få allt du vill ha – om du vet hur du ska
> skapa förutsättningarna för det i dina egna tankar.

Det finns ingen dröm som inte kan besannas om du bara lär dig att använda den skapande kraft som verkar genom dig. De metoder som fungerar för en fungerar för alla. Nyckeln till din skapande kraft ligger i att använda det du har … fritt och obegränsat … och på så sätt öppna kanalerna på vid gavel så att mer skapande kraft kan strömma genom dig.”

Robert Collier

**JOE VITALE**

*Universum kommer att börja omforma sig för att få det att hända som du ber om.*

**JACK CANFIELD**

*De flesta av oss har aldrig tillåtit oss att vilja ha det vi verkligen önskar oss, eftersom vi inte kan se framför oss hur det ska gå till.*

**BOB PROCTOR**

*Om du bara gör lite efterforskningar kommer det att bli uppenbart för dig att ingen av dem som någonsin har åstadkommit något har vetat exakt hur de skulle göra det. De visste bara att de skulle göra det.*

**JOE VITALE**

*Du behöver inte veta hur det ska gå till. Du behöver inte veta på vilket sätt universum kommer att omforma sig.*

*Hur* det ska gå till, *hur* universum kommer att leverera det till dig, det är inte din uppgift eller ditt bekymmer. Låt universum klara av det åt dig. När du försöker räkna ut *hur* det ska ske, då sänder du ut en frekvens som innehåller brist på tilltro – att du inte tror att du redan har det. Du tror att du måste räkna ut det och du tror inte att universum kommer att göra det åt dig. *Hur* är inte din del av den skapande processen.

**BOB PROCTOR**

*Du vet inte hur, men det kommer du att bli visad. Du kommer att dra till dig en lösning på den frågan.*

**LISA NICHOLS**

*För det mesta är det så att när vi inte ser det vi har bett om blir vi frustrerade. Vi blir besvikna. Och vi börjar tvivla. Tvivlet leder till en känsla av besvikelse. Ta det där tvivlet och vänd på det. Erkänn känslan av tvivel och ersätt den med en känsla av orubblig tilltro. "Jag vet att det är på väg."*

## Steg tre: Ta emot

**LISA NICHOLS**

*Steg tre, det sista steget i processen, är att ta emot. Börja känna hur glad du är över att ha fått det du har bett om. Känn likadant som du kommer att känna när du får det. Känn det nu.*

**Marci Shimoff**

*I den här processen är det viktigt att må bra, att vara glad och lycklig, för när du mår bra kommer du in i den frekvens som motsvarar det du vill ha.*

**Michael Bernard Beckwith**

*Det här är ett kännande universum. Om du bara tror rent intellektuellt på något, men inte har en motsvarande känsla innerst inne, då har du inte nödvändigtvis tillräckligt mycket kraft för att manifestera det du vill ha i ditt liv. Du måste känna det.*

Be en gång om det du vill ha, tro att du har fått det, och sedan är det enda du behöver göra att må bra. När du mår bra befinner du dig i rätt frekvens för att ta emot. Du är på den frekvensen där alla goda ting kommer till dig och du får det du har bett om. Du skulle inte be om något om du inte vet att det får dig att må bra när du tar emot det, eller hur? Ställ alltså in din må bra-frekvens, så kommer du att få det.

Ett snabbt sätt att ställa in den frekvensen är att säga: ”Jag tar emot nu. Jag tar emot allt det goda i mitt liv nu. Jag tar emot [fyll in det du önskar dig] nu.” Och känn det som om du redan hade fått det.

En god vän till mig, Marcy, är en av de allra bästa på att manifestera som jag någonsin har träffat, och hon känner allting. Hon känner hur det skulle kännas att ha det hon ber om. Hon känner fram allt i sitt liv. Hon fastnar inte i hur, när eller var, hon bara känner det och sedan manifesteras det.

Därför är det av största vikt att må bra nu.

**BOB PROCTOR**

*När du börjar förvandla dina drömmar till verklighet, då kommer du steg för steg att kunna skapa större och större drömmar. Och det, min vän, är den skapande processen.*

"Allt vad ni ber om i era böner skall ni få, om ni tror."

Matteus 21:22

"Därför säger jag er: tro att ni skall få allt det ni ber om i er bön, då blir det så."

Markus 11:24

**BOB DOYLE**

*Lagen om attraktion, studiet och utövandet av lagen om attraktion, handlar bara om att räkna ut vad som kommer att hjälpa dig att skapa känslan av att ha det du ber om redan nu. Ge dig ut och provkör den där bilen. Åk ut och titta på ditt drömhus. Gå in i huset och se dig omkring. Gör allt du kan för att skapa känslan av att ha det nu, och kom ihåg den. Allt du kan göra för att åstadkomma den hjälper dig att bokstavligen dra till dig det du vill ha.*

När du *känner* det som om du har det nu, och när känslan är så verklig att det är som om du redan har det, då tror du att du redan har tagit emot det, och då kommer du också att få det.

**Bob Doyle**

*Det kan vara så att du bara vaknar en dag och så finns det där framför dig. Det har manifesterats. Eller också kanske du får en ingivelse att göra något särskilt. Du får absolut inte säga till dig själv: "Jaha, jag skulle kunna göra på det här sättet, men det skulle verkligen inte kännas bra." Du är inte på rätt spår om det är så det känns.*

Ibland krävs det handling, men om du gör det här på ett sätt som stämmer överens med det som universum försöker ge dig, då kommer det att kännas roligt och positivt. Du känner dig levande. Tiden bara stannar. Du skulle kunna göra det hela dagen.

Handling är ett ord som kan betyda "arbete" för somliga människor, men ingivelser och inspirerade handlingar känns inte alls som arbete. Skillnaden mellan handling och inspirerad handling är följande: Inspirerad handling är när du handlar för att ta emot. Om du agerar för att försöka få något att hända, då har du halkat bakåt. Inspirerad handling sker utan ansträngning och det känns underbart eftersom du befinner dig på den frekvens där du tar emot.

Föreställ dig livet som en forsande flod. När du handlar för att få något att hända känns det som om du kämpar mot strömmen. Det känns svårt och det känns som en kamp. När du handlar för att ta emot från universum känns det som om du följer med strömmen i floden. Det du gör sker utan ansträngning. Det är så inspirerad handling känns. Det är så det känns att befinna sig i livets och universums flöde.

Ibland kommer du inte ens att vara medveten om att du har använt ordet "handling" förrän du har fått det du har bett om, eftersom upplevelsen är så positiv. Du kan då se tillbaka och bli varse på vilka underbara sätt universum har lett dig fram till det du ville ha och även har fört det du ville ha till dig.

### Joe Vitale

*Universum tycker om fart. Skjut inte upp. Tveka inte. Tvivla inte. När möjligheten uppstår, när impulsen kommer, när den intuitiva ingivelsen dyker upp, handla då. Det är din uppgift. Det är det enda du behöver göra.*

Lita på din instinkt. Det är universum som inspirerar dig. Det är universum som kommunicerar med dig på den där mottagarfrekvensen. Om du har en intuitiv eller instinktiv känsla, följ den så kommer du att upptäcka att universum förflyttar dig i den riktning där du kan ta emot det du har bett om.

### Bob Proctor

*Du kommer att dra till dig allt du behöver. Om det är pengar du behöver kommer du att dra dem till dig. Om det är människor du behöver kommer du att dra dem till dig. Om det är en speciell bok du behöver kommer du att dra den till dig. Du måste vara uppmärksam på det du känner dig dragen till, för när du ser bilder för ditt inre av det du vill ha kommer du att dras till det och det kommer att dras till dig. Det kommer bokstavligen in i den fysiska verkligheten med och genom dig. Och det händer genom lagen om attraktion.*

Kom ihåg att du är en magnet som drar till dig allt som du har i ditt liv. När du är klar över vad du vill blir du som en magnet som drar till dig precis det, och det du vill ha kommer också i sin tur att dras till dig. Ju mer du praktiserar lagen om attraktion och börjar se hur den hjälper dig att manifestera det, desto större dragningskraft får du genom att din tillit, tilltro och visshet stärks.

**MICHAEL BERNARD BECKWITH**

*Du kan börja med ingenting och ur ingenting och utan några som helst existerande möjligheter kommer möjligheter att uppstå.*

Det enda du behöver är Du, och din förmåga att föreställa dig det du vill ha. Allt som mänskligheten har skapat och uppfunnit genom tiderna har börjat med en enda tanke. Ur den här tanken skapades sedan möjligheter, och tanken manifesterades från den osynliga till den synliga världen.

**JACK CANFIELD**

*Tänk dig att du är ute och kör bil på natten. Strålkastarna når bara mellan trettio och femtio meter framåt, men du kan utan problem köra hela vägen från Kalifornien till New York i mörker eftersom det enda du behöver se är de närmaste femtio metrarna framför dig. Det är så livet brukar uppenbara sig för oss, en bit i taget. Om vi bara litar på att de nästa femtio metrarna kommer att uppenbaras, och sedan de följande femtio metrarna, så kommer livet att fortsätta uppenbaras och utvecklas. Så småningom kommer du att nå fram till det mål du har satt upp därför att du verkligen vill uppnå det.*

Lita på universum. Ha tilltro och tillförsikt. Jag hade verkligen inte en aning om hur jag skulle få ut kunskapen om Hemligheten på filmduken. Jag höll bara fast vid resultatet av min vision, jag såg det tydligt och klart för mitt inre, jag kände det med all min kraft, och allt vi behövde för att skapa *The Secret* kom till oss.

> "Ta första steget med tillit. Du måste inte se hela trappan. Ta bara första steget."
>
> *Dr Martin Luther King, Jr.* (1929–1968)

## *Hemligheten och din kropp*

Låt oss se hur man kan använda den skapande processen om man är överviktig och vill gå ner i vikt.

Det första du behöver veta är att om du koncentrerar dig på att gå ner i vikt, då drar du till dig en situation som innebär att du behöver gå ner i vikt ännu mer, så sudda ut det där med att du "måste gå ner i vikt" ur dina tankar. Det är precis den föreställningen som gör att bantning inte fungerar. Eftersom dina tankar är inriktade på att gå ner i vikt drar du ständigt till dig mer av upplevelsen att du måste gå ner i vikt.

Det andra du behöver veta är att det här med att vara överviktig har skapats av dina tankar om det. För att uttrycka det på enklast möjliga sätt: Om någon är överviktig har det uppstått genom att han eller hon har tänkt "feta tankar", vare sig personen har varit medveten om det eller inte. En person kan inte tänka "smala tankar" och vara tjock. Det går stick i stäv mot lagen om attraktion.

Oavsett om människor har fått höra att de har låg sköldkörtelfunktion, låg ämnesomsättning eller en ärftligt betingad övervikt handlar det i själva verket om att de tänker ”feta tankar”. Om du ser någon av de här omständigheterna som tillämplig på dig och tror på den, då måste det bli din upplevelse och du kommer att fortsätta vara överviktig.

När jag hade fött mina två döttrar var jag överviktig och jag visste att det kom sig av att jag hade lyssnat på och läst om hur svårt det är att gå ner i vikt när man har fått barn, och att det är ännu svårare efter andra barnet. Jag drog till mig exakt det med mina ”feta tankar”, och det blev min upplevelse. Jag blev verkligen rundare och rundare, och ju mer jag lade märke till att jag hade blivit rund, desto mer av det drog jag till mig. Trots att jag är kort och har en tunn benstomme gick jag upp till 65 kilo, bara för att jag tänkte ”feta tankar”.

De vanligaste tankarna som människor har, och som jag också hade, är att det var maten som var orsaken till min viktökning. Det är en föreställning som inte är till hjälp för oss, och för mig är den nu bara gallimatias! Mat är inte orsaken till att människor går upp i vikt. Det är tanken att mat orsakar viktökning som ger upphov till det. Kom ihåg att våra tankar är den primära orsaken till allting, och att allt annat är effekter av våra tankar. Tänk tankar om perfekt vikt, så måste det resultera i perfekt vikt.

Släpp taget om alla begränsande tankar. Mat kan inte få dig att gå upp i vikt om du inte tror att det *kan* det.

Definitionen av den perfekta vikten är den vikt som *känns* bra för dig. Ingen annans åsikt räknas, bara den vikt som *känns* bra för dig.

Du känner säkert någon som är smal och äter som en häst, och personen i fråga deklarerar stolt: ”Jag kan äta hur mycket jag vill och jag väger alltid precis lagom mycket." Och anden, det vill säga universums ande, säger alltid: "Din önskan är min lag."

För att dra till dig din perfekta vikt och kropp med hjälp av den skapande processen, följ de här stegen:

## Steg 1: Be om det du vill ha

Bestäm dig för hur mycket du vill väga. Skapa en bild för ditt inre av hur du kommer att se ut när du har uppnått din perfekta vikt. Leta upp bilder på dig själv där du väger så mycket, om du har några sådana, och titta på dem ofta. Om inte, leta upp bilder på den kropp du vill ha och titta på dem ofta.

## Steg 2: Tro att det är verklighet

Du måste tro att du kommer att få det du ber om och att den perfekta vikten redan är din. Du måste föreställa dig, agera som om, låtsas och fantisera om att du har nått din perfekta vikt. Du måste se dig själv ta emot din perfekta vikt.

Skriv ner hur mycket du vill väga på en papperslapp och sätt fast den över visaren på din våg, eller låt bli att väga dig alls. Motsäg inte det du har bett om med dina tankar, ord eller handlingar. Köp inte kläder i din nuvarande storlek. Ha tillit och tänk på de kläder du kommer att köpa. Att dra till dig din perfekta vikt är samma sak som att göra en beställning från universums postorderkatalog.

Du bläddrar igenom katalogen, väljer den perfekta vikten, gör din beställning och sedan levereras den till dig.

Gör det till din avsikt att leta efter, beundra och tyst för dig själv berömma människor som uppfyller din föreställning om vad som är den perfekta kroppsvikten. När du beundrar dem och känner känslan av att ha en sådan kropp – då kallar du den till dig. Om du ser människor som är överviktiga, studera dem inte utan ta genast fram din inre bild av dig själv i din perfekta kropp och *känn* den.

## Steg 3: Ta emot

Du måste må bra. Du måste känna positiva känslor inför Dig själv. Det här är viktigt eftersom du inte kan dra till dig din perfekta vikt om du hyser negativa känslor inför din kropp som den är nu. Om du mår dåligt över din kropp är det en stark känsla, som gör att du fortsätter att dra till dig dåliga känslor om din kropp. Du kommer aldrig att förändra din kropp om du är kritisk mot den och hittar fel på den. I själv verket kommer du att dra till dig mer vikt. Beröm och välsigna varje liten kvadratcentimeter av din kropp. Tänk på allt det som är perfekt med Dig. När du tänker tankar om perfektion, när du tycker om Dig själv, då befinner du dig på samma frekvens som din perfekta kropp, och då drar du till dig det som är perfekt.

I en av sina böcker gav Wallace Wattles ett fantastiskt tips när det gäller ätande: När du äter, var helt och hållet koncentrerad på upplevelsen av att tugga maten. Var närvarande i dina tankar, upplev förnimmelsen av att äta maten och låt inte tankarna vandra iväg till något annat. Var närvarande i din kropp och njut av alla förnimmelserna av att tugga maten du har i munnen och svälja den. Pröva det nästa gång du äter. När du är helt och hållet närvarande när du äter blir alla smaker härliga och intensiva, men när du låter tankarna vandra iväg försvinner smaken nästan helt. Jag är övertygad om att om vi kan äta vår mat helt närvarande i nuet, helt koncentrerade på den njutbara upplevelsen av att äta, då kommer kroppen att ta upp maten och näringen på ett perfekt sätt. Resultatet måste då bli perfektion.

Slutet på berättelsen om min egen vikt är att jag nu håller min perfekta vikt på 52 kilo och kan äta precis vad jag vill. Koncentrera dig alltså på din perfekta vikt!

## Hur lång tid tar det?

**JOE VITALE**

*En annan sak som människor undrar är: "Hur lång tid kommer det att ta att manifestera bilen, relationen och/eller pengarna?" Jag har ingen regelbok som säger att det kommer att ta trettio minuter eller tre dagar eller trettio dagar. Det är mer en fråga om att vara i samklang med universum självt.*

Tiden är bara en illusion. Einstein visade det för oss. Om det här är första gången du har hört det kan det vara svårt att ta det till dig eftersom du ser att allting sker en sak i taget. Vad kvantfysikerna och Einstein säger är att allt händer samtidigt. Om du kan förstå att det inte finns någon tid och acceptera den tanken, då kommer du att se att allt det du vill ha i framtiden redan existerar. Om allting händer på en och samma gång, då existerar det redan en parallell version av dig som har det du önskar dig!

Det tar ingen tid alls för universum att manifestera det du vill ha. Alla tidsförskjutningar du upplever beror på den tid det tar för dig att komma så långt att du verkligen kan tro, veta och känna att du redan har det. Det handlar om att du behöver hitta fram till samma frekvens som det du vill dra till dig.

**BOB DOYLE**

*Storleken betyder ingenting för universum. Det är inte svårare, på en vetenskaplig nivå, att dra till sig något som vi ser som väldigt stort än något som vi ser som oändligt litet.*

*Universum gör allting utan minsta ansträngning. Gräset anstränger sig inte för att växa. Det går helt av sig självt.*

*Allt handlar om vad som pågår i ditt sinne. Det handlar om vad vi själva skapar när vi säger: "Det här är stort, det kommer att ta lite tid." Och: "Det här är litet. Det kan inte ta mer än en timme." Det här är regler som vi själva ställer upp. Enligt universum finns det inga sådana regler. Om du tillhandahåller känslan av att ha det nu, då svarar universum – oavsett vad det är du har bett om.*

För universum finns det ingen tid och ingen storlek heller. Det är lika lätt att manifestera en krona som det är att manifestera en miljon kronor. Det är samma process, och den enda orsaken till att det ena kanske kommer snabbare och det andra kanske tar längre tid är din tanke som säger att en miljon kronor är mycket pengar och att en krona inte är särskilt mycket.

### Bob Doyle

*För en del människor är det lättare att manifestera i det lilla, och därför börjar vi ibland med något litet, till exempel en kopp kaffe. Gör det till din avsikt att dra till dig en kopp kaffe i dag.*

### Bob Proctor

*Håll en bild för din inre av att tala med en gammal vän som du inte har träffat på länge. På något sätt kommer det att bli så att någon kommer att börja prata med dig om den här personen. Den här personen kommer att ringa dig eller också kanske du får ett brev från honom eller henne.*

Att börja med något litet är ett enkelt sätt att experimentera och få se lagen om attraktion med dina egna ögon. Jag ska berätta om en ung man som gjorde precis det. Han tittade på *The Secret* och bestämde sig för att börja med något litet.

Han skapade en bild av en fjäder för sitt inre och försäkrade sig om att den här fjädern var unik. Han föreställde sig särskilda mönster och färger på fjädern så att han, om han fick syn på den här fjädern, skulle veta bortom alla tvivel att den hade kommit till honom genom hans avsiktliga användning av lagen om attraktion.

Två dagar senare var han på väg in i en skyskrapa i New York. Han sa att han inte visste varför, men han bara råkade titta ner. Där vid hans fötter, i entrén till en skyskrapa i New York, låg hans fjäder! Inte bara en fjäder vilken som helst, utan precis den fjäder han hade föreställt sig. Den var identisk med den fjäder han hade sett för sitt inre, med alla dess unika mönster och färger. I det ögonblicket visste han, bortom allt tvivel, att det här var lagen om attraktion i all sin glans. Han insåg vilken fantastisk kraft och förmåga han hade att dra till sig saker med hjälp av tankar och bilder. Med fullständig tillit har han nu gått vidare till att skapa något mycket större.

## DAVID SCHIRMER

### INVESTERINGSRÅDGIVARE, LÄRARE OCH KURSLEDARE

*Människor blir förvånade över att jag alltid hittar en parkeringsplats. Jag har gjort det ända sedan jag lärde mig Hemligheten. Jag visualiserar en parkeringsplats precis där jag vill ha den, och 95 procent av gångerna finns den där och jag behöver bara köra rakt in. Fem procent av gångerna måste jag vänta några minuter på att någon ska köra ut så att jag kan köra in. Jag gör alltid så här för att hitta en parkeringsplats.*

Nu kanske du förstår varför den som säger: ”Jag hittar alltid parkeringsplats” också gör det. Eller varför någon som säger: ”Jag har verkligen tur, jag vinner hela tiden”, ständigt gör det gång efter gång. De här människorna *förväntar* sig det. Börja förvänta dig något fantastiskt, så kommer du på så sätt att skapa ditt liv i förväg.

## *Skapa din dag i förväg*

Du kan använda lagen om attraktion för att skapa hela ditt liv i förväg, ända ner på detaljnivå till nästa sak du ska göra i dag. Prentice

Mulford, som i sina böcker delade med sig av många insikter om lagen om attraktion och hur man kan använda den, visade hur viktigt det är att *tänka din dag i förväg*.

> ”När du säger till dig själv: 'Det här kommer att bli en trevlig resa eller ett trevligt möte', sänder du bokstavligen ut krafter som agerar som ett slags förtrupper som verkar för att göra ditt möte eller din resa till en trevlig upplevelse. Om du innan du ska gå på ett möte, ge dig ut på en resa eller gå ut och handla däremot är på dåligt humör eller känner dig rädd och orolig för att något otrevligt ska hända dig, då sänder du ut osynliga krafter som skapar otrevliga situationer eller händelser. Våra tankar, eller rättare sagt vårt sinnestillstånd, är ständigt aktivt med att 'ordna till' det bra eller dåliga i förväg.”
>
> Prentice Mulford

Prentice Mulford skrev de här raderna på 1870-talet. Vilken pionjär! Vi kan tydligt se hur viktigt det är att i förväg tänka ut hur vi vill att varje dag och varje händelse ska gestalta sig. Du har säkerligen upplevt motsatsen till att tänka din dag i förväg, och en av effekterna av det är att vara tvungen att stressa och jäkta.

Om du stressar och jäktar, kom ihåg att sådana tankar och handlingar grundar sig på rädsla (rädslan för att bli försenad) och innebär att du ”ordnar till” att det dåliga händer dig. När du fortsätter att jäkta drar du till dig det ena dåliga efter det andra på din väg. Dessutom kommer lagen om attraktion att "ordna till" ännu fler framtida omständigheter som tvingar dig att stressa och jäkta. Du måste stanna upp och ta dig ur den här frekvensen. Ägna en stund åt att förändra ditt tillstånd om du inte vill dra till dig negativa upplevelser och situationer.

Många människor, i synnerhet i vårt västerländska samhälle, jagar "tiden" och klagar på att de inte har tillräckligt med tid. När man säger att man inte har tillräckligt med tid, då blir det också så i enlighet med lagen om attraktion. Om du har haft för vana att jaga upp dig med tankar om att inte ha tillräckligt med tid, förändra ditt liv genom att från och med nu säga med eftertryck: "Jag har mer än tillräckligt med tid."

Du kan också förvandla de stunder då du väntar på något, till ett tillfälle att skapa ditt framtida liv. Nästa gång du befinner dig i en situation där du väntar, ta tillfället i akt och föreställ dig att du har allt det du vill ha. Du kan göra det var som helst och när som helst. Gör varje livssituation till något positivt!

Gör det till en daglig vana att förutbestämma ditt liv med hjälp av dina tankar. Signalera till universums krafter i allt du gör genom att föreställa dig hur du vill att det ska gå i förväg. Då skapar du avsiktligt ditt liv.

# Hemligheten i sammanfattning

- *Liksom anden i Aladdins lampa uppfyller lagen om attraktion alla våra befallningar.*

- *Den skapande processen hjälper dig att skapa det du vill ha i tre enkla steg: be om det, tro att det händer och ta emot det i ditt liv.*

- *Att be universum om det du vill ha är en möjlighet att klargöra för dig själv vad du vill. När du skapat klarhet i ditt sinne, då har du bett om det du vill ha.*

- *Att tro innebär att handla, tala och tänka som om du redan har tagit emot det du har bett om. När du utstrålar frekvensen av att ha tagit emot det, då börjar lagen om attraktion att påverka människor, händelser och omständigheter så att det du har önskat kommer till dig.*

- *Att ta emot innebär att känna det du kommer att känna när det du önskar dig har manifesterats. Att må bra nu ger dig samma frekvens som det du vill ha.*

- *För att gå ner i vikt, tänk inte på att "gå ner i vikt". Inrikta dig i stället på din perfekta vikt. Känn känslan av din perfekta vikt, så kommer du att dra den till dig.*

- *Det tar ingen tid för universum att manifestera det du vill ha. Det är lika lätt att manifestera en krona som det är att manifestera en miljon kronor.*

- *Att börja med något litet, till exempel en kopp kaffe eller en parkeringsplats, är ett enkelt sätt att uppleva lagen om attraktion i praktiken. Ha en stark avsikt att dra till dig något obetydligt. När du får uppleva vilken fantastisk förmåga du har att dra till dig det du eftersträvar kommer du att gå vidare med att skapa i större omfattning.*

- *Skapa dig din dag i förväg genom att tänka ut hur du vill ha den, så kommer ditt liv vara i linje med din intention.*

nucleus
Proton

# Kraftfulla processer

**JOE VITALE**

*Många människor känner att de sitter fast i eller är fångna i eller begränsade av sina nuvarande omständigheter. Vilka omständigheter du än befinner dig i just nu, är de bara din nuvarande verklighet, och din nuvarande verklighet kommer att börja förändras när du börjar använda Hemligheten.*

Din nuvarande verklighet eller ditt liv som det är nu är ett resultat av de tankar du har tänkt. Allt det kommer att förändras helt och hållet när du börjar förändra dina tankar och känslor.

> "Att en människa kan förändra sig själv … och börja styra över sitt eget öde är den slutsats som alla som är öppna för och medvetna om tankens kraft måste dra."
>
> Christian D. Larson (1866–1954)

**LISA NICHOLS**

*När du vill förändra dina omständigheter måste du först förändra dina tankar. Varje gång du hämtar posten och förväntar dig att få en räkning, gissa vad – du kommer att hitta en. Varje dag fasar du för den där räkningen! Du förväntar dig aldrig något stort och fantastiskt. Du tänker skulder, du förväntar dig skulder. Alltså måste skulderna dyka upp så att du inte ska tro att du är galen. Varje dag bekräftar du din tanke: Har jag några skulder? Ja, jag har skulder. Har jag några skulder? Ja, jag har skulder. Har jag några skulder? Ja, jag har skulder. Varför? Jo, för att du förväntar dig att du ska ha skulder. Alltså dyker de upp i ditt liv, för lagen om attraktion lyder alltid dina tankar. Gör dig själv en tjänst – förvänta dig inkomster i stället!*

Förväntan är en stark kraft som gör att du drar till dig det du förväntar dig. Som Bob Proctor säger: "Din önskan försätter dig i kontakt med det du önskar dig, och dina förväntningar gör att det dras in i ditt liv." Förvänta dig det du vill ha och lämna det du inte vill ha därhän. Vad förväntar du dig nu?

**JAMES RAY**

*De flesta människor betraktar sina nuvarande omständigheter och säger: "Det här är den jag är." Men de speglar inte den du är, utan den du har varit. Låt oss till exempel säga att du inte har tillräckligt med pengar på banken, eller att du inte har den relation du vill ha, eller att din hälsa eller kondition inte är på topp. Det säger ingenting om vem du är, det är bara en manifestation av dina tidigare tankar och handlingar. Man kan säga att vi ständigt lever i efterverkningarna av våra egna tidigare tankar och handlingar. När du betraktar dina nuvarande omständigheter och definierar dig själv utifrån dem, då dömer du dig själv till att inte kunna uppnå något annat än det i framtiden.*

”Allt vi är, är ett resultat av vad vi har tänkt.”

*Buddha* (563 f. Kr.–483 f. Kr.)

Jag vill nu beskriva en övning som kommer från den framstående läraren Neville Goddard. Han förklarade övningen i en föreläsning som han höll 1954 med titeln ”Omvärdera och omskapa”. Den här övningen har haft en genomgripande effekt på mitt liv. Neville rekommenderar att man i slutet av varje dag, innan man somnar, tänker igenom dagens händelser. Om några händelser eller situationer inte skedde på det sätt som du skulle önskat, spela upp dem för ditt inre på ett sätt som känns härligt och fantastiskt. När du återskapar dagens händelser för ditt inre precis så som du vill ha dem, då rensar du upp i din frekvens från dagen som gått, så att du kan sända ut en ny signal och frekvens inför morgondagen. Du har avsiktligt skapat nya bilder för din framtid. Det är aldrig för sent att förändra dina inre bilder.

# Tacksamhetens kraft

**Joe Vitale**

*Vad kan du göra här och nu för att börja vända på ditt liv? Det allra första är att göra en lista över allt det som du kan vara tacksam för. Det förändrar din energi och börjar också påverka ditt sätt att tänka. Innan du har gjort den här övningen kanske du tänker mest på allt det du inte har, på dina problem och svårigheter, men när du gör den här övningen börjar du gå i en annan riktning. Du börjar vara tacksam för allt det som du är nöjd med.*

> "Om det är en ny tanke för dig att tacksamhet får ditt sinne att komma i bättre harmoni med universums skapande kraft, fundera noga på saken, så kommer du att se att det är sant."
>
> Wallace Wattles (1860–1911)

**Marci Shimoff**

*Tacksamhet är ett fantastiskt sätt att dra till dig mer av det du vill ha i ditt liv.*

## Dr John Gray

### Psykolog och författare

*Varje man vet att när hans fru uppskattar honom för det lilla han gör, vad vill han då göra? Jo, han vill göra ännu mer av det. Det handlar alltid om uppskattning. Det gör att vi drar till oss det vi önskar. Det gör att vi drar till oss stöd.*

## John Demartini

*Allt det vi tänker på och tackar för, det skapar vi i vårt liv.*

## James Ray

*Tacksamhet har varit en oerhört stark övning för mig. Varje morgon stiger jag upp och säger: "Tack." Varje morgon när jag sätter ner fötterna i golvet säger jag: "Tack." Sedan börjar jag gå igenom allt det jag är tacksam för medan jag borstar tänderna och gör mina morgonbestyr. Det är inte bara så att jag tänker på dem och utför samma gamla rutin varje dag. Jag sänder verkligen ut min tacksamhet och jag känner tacksamhetens känsla.*

Jag kommer aldrig att glömma den dagen då vi filmade James Ray när han berättade om sitt sätt att utöva tacksamhet. Från den dagen började jag göra James tacksamhetsövning till en del av mitt liv. Jag kliver aldrig ur sängen på morgonen förrän jag har känt känslan av tacksamhet för den nya dagen och för allt som jag är tacksam för i mitt liv. När jag sedan stiger upp säger jag: "Tack" en gång för varje fot som träffar golvet. För varje steg jag tar på väg till badrummet säger jag: "Tack." Jag fortsätter att säga och känna

"Tack" medan jag duschar och gör mig färdig för dagen. När jag är klar har jag sagt tack hundratals gånger.

När jag gör det skapar jag på ett kraftfullt sätt min dag och allt den kommer att innehålla. Jag ställer in min frekvens för dagen och deklarerar avsiktligt hur jag vill att min dag ska bli, i stället för att snubbla ur sängen och låta dagen ta kontroll över mig. Det finns inget bättre sätt att börja dagen än det här. Det är du som skapar ditt liv, så börja med att avsiktligt skapa din dag!

Tacksamhet har varit en av grundstenarna i alla de stora avatarernas läror. I den boken som förändrade mitt liv, *Vetenskapen om hur man bli rik*, skriven av Wallace Wattles år 1910, är kapitlet om tacksamhet det allra längsta. Alla lärare som finns med i *The Secret* använder tacksamhet som en del av sitt dagliga liv. De flesta av dem börjar sin dag med tankar och känslor av tacksamhet.

Joe Sugarman, en fantastisk man och framgångsrik entreprenör, såg filmen *The Secret* och kontaktade mig. Han berättade att den delen han tyckte mest om var tacksamhetsövningen, och att det faktum att han använde sig av tacksamhet hade bidragit till allt det han hade åstadkommit i sitt liv. Med all den framgång Joe har dragit till sig fortsätter han att använda sig av tacksamhet varje dag, till och med för minsta lilla sak. När han hittar en parkeringsplats säger och känner han alltid: "Tack." Joe vet vilken kraft som ligger i tacksamheten och allt vad den har gett honom, och därför är tacksamhet för honom ett sätt att leva.

Utifrån allt jag har läst, och utifrån allt jag har upplevt i mitt eget liv då jag har använt mig av Hemligheten, framträder tacksamhetens kraft som den allra starkaste. Om du bara gör en enda sak med den kunskap som finns i Hemligheten, använd dig av tacksamheten tills den blir ditt sätt att leva.

## Joe Vitale

*Så snart du börjar känna annorlunda inför det du redan har kommer du att börja dra till dig mer av det goda i livet. Mer av det som du kan vara tacksam för. Du kan se dig omkring och säga: "Jaha, jag har inte den bilen jag vill ha. Jag har inte den bostaden jag vill ha. Jag har inte den partner jag vill ha. Jag är inte så frisk och stark som jag skulle vilja vara." Stopp och belägg! Backa, backa! Det här är allt det som du inte vill ha. Koncentrera dig på det du redan har som du är tacksam för. Det kan till exempel vara att du är tacksam för att du har ögon att läsa det här med. Det kan vara kläderna du har. Ja, du kanske skulle föredra något annat och du kanske skulle få något annat ganska snart om du börjar känna dig tacksam för det du har.*

> "Många människor som i övrigt beställer det de vill ha i sitt liv på precis rätt sätt lever ändå kvar i fattigdom på grund av brist på tacksamhet."
>
> Wallace Wattles

Det är omöjligt att dra till dig mer av det du vill ha om du känner dig otacksam för det du har. Varför? Jo, för att de tankar och känslor du sänder ut när du känner dig otacksam är negativa. Oavsett om det är fråga om avundsjuka, bitterhet, otillfredsställelse eller en känsla av brist, kan de här känslorna inte ge dig det du vill ha. De kan bara ge dig mer av det du inte vill ha. Sådana här negativa känslor lägger hinder i vägen för att det goda du söker ska kunna komma till dig. Om du vill ha en ny bil men inte är tacksam för den bil du har, då är det den frekvensen du sänder ut.

Var tacksam för det du har nu. När du börjar tänka på allt det i ditt liv som du är tacksam för kommer du att bli förvånad över alla tankar som dyker upp om hur mycket mer du har att vara tacksam för. Du måste börja någonstans, och sedan kommer lagen om attraktion att ta emot din tacksamhet och ge dig mer av det. På så sätt befäster du tacksamhetens frekvens och allt det goda du söker kan komma till dig.

> "Att praktisera tacksamhet varje dag är ett av de sätt på vilka ditt välstånd kommer att komma till dig."
>
> Wallace Wattles

## Lee Brower

### Lärare och författare

*Jag tror att alla människor går igenom perioder när vi säger: "Det här fungerar inte som det ska" eller "Det här går dåligt." Vid ett tillfälle när vi hade en del svårigheter i familjen hittade jag en sten och satte mig ner och bara höll i den. Jag stoppade ner stenen i fickan och sa till mig själv: "Varje gång jag rör vid den här stenen ska jag tänka på något som jag är tacksam för." Varje morgon när jag stiger upp tar jag upp stenen från byrån, lägger den i fickan och tänker på allt det jag är tacksam för. Och vad gör jag på kvällen? Jag tömmer mina fickor, och där är stenen igen.*

*Den här idén har gett mig fantastiska upplevelser. En man från Sydafrika råkade se när jag tappade stenen och frågade: "Vad är det?" Jag förklarade för honom och han började kalla den för en tacksamhetssten. Två veckor senare fick jag mejl från Sydafrika. Han sa: "Min son är döende i en sällsynt sjukdom. Det är en typ av gulsot. Kan du skicka mig tre tacksamhetsstenar?" Det här var bara en vanlig sten som jag hade hittat på gatan, så jag sa: "Javisst." Jag måste se till att stenarna jag skickade var väldigt speciella, så jag gav mig ner till floden och letade rätt på några fina stenar som jag skickade till honom.*

*Fyra eller fem månader senare fick jag återigen mejl från honom. Han skrev: "Min son är på bättringsvägen, han mår finfint." Och han sa: "Men det är något du måste få veta. Vi har sålt över tusen stenar för sjuttio kronor styck som tacksamhetsstenar, och vi har skänkt alla pengarna till välgörenhet. Tack så mycket."*

*Det är alltså oerhört viktigt att ha en attityd av tacksamhet.*

Den store vetenskapsmannen Albert Einstein revolutionerade vårt sätt att betrakta tiden, rummet och gravitationen. Med tanke på hans enkla bakgrund och fattiga uppväxt skulle man kunna tro att det borde ha varit omöjligt för honom att åstadkomma allt det han gjorde. Einstein visste en hel del om Hemligheten och han sa "tack" hundratals gånger varje dag. Han tackade alla de stora vetenskapsmännen som hade gått före honom för deras upptäckter, som hade gjort det möjligt för honom att lära sig och uppnå ännu mer i sitt arbete och till slut bli en av de mest framstående vetenskapsmännen någonsin.

Ett av de mest verkningsfulla sätten att använda tacksamhet är något du kan göra till en del av din skapande process för att lägga ännu mer kraft i den önskan du sänder ut. Som Bob Proctor sa om det första steget i den skapande processen: Be om det du vill ha, börja med att skriva ner vad du vill ha. ”Börja varje mening med *Jag är så lycklig och tacksam nu när …* ” (och fyll i resten själv).

När du tackar som om du redan har fått det du vill ha sänder du ut en stark signal till universum. Den signalen säger att du redan har det eftersom du känner tacksamhet för det nu. Varje morgon innan du stiger ur sängen, gör det till en vana att i förväg känna känslan av tacksamhet för den fantastiska dagen du har framför dig, som om det du önskar redan har hänt.

Från det ögonblicket jag upptäckte Hemligheten och gjorde upp en vision för att sprida den här kunskapen i världen tackade jag varje dag för filmen *The Secret,* som skulle skänka glädje åt världen. Jag hade ingen aning om hur vi skulle få ut den här kunskapen på film, men jag litade på att vi skulle dra till oss ett sätt. Jag koncentrerade mig på det och såg resultatet framför mig. Jag kände en djup tacksamhet i förväg. I och med att det blev mitt normala tillstånd öppnades slussarna och all den magi vi fick uppleva strömmade in i våra liv. Både jag och det fantastiska teamet som arbetade med *The Secret* känner fortfarande en djup och innerlig tacksamhet. Vi har blivit ett team som lever och andas tacksamhet i varje stund, och det har blivit vårt sätt att leva.

# Visualiseringens kraft

Visualisering är en övning som har lärts ut av alla de stora lärarna och avatarerna genom historien, liksom av alla de stora lärarna som lever i dag. I Charles Haanels bok *The Master Key System,* som han skrev år 1912, finns tjugofyra övningar, en för varje vecka i tjugofyra veckor, som en hjälp för att lära sig behärska visualiseringens kraft. (Vad som är ännu viktigare är att *The Master Key System* också hjälper dig att bli herre över dina tankar.)

Skälet till att visualisering är så verkningsfullt är att när du skapar bilder för ditt inre eller ser dig själv med det du vill ha, då skapar du tankar och känslor av att du har det här och nu. Visualisering är helt enkelt fokuserade tankar i bildform, och de ger upphov till mycket starka känslor. När du visualiserar sänder du ut den här kraftfulla frekvensen i universum. Lagen om attraktion tar då fatt i den signalen och skickar tillbaka bilderna till dig precis så som du såg dem för ditt inre.

**DENIS WAITLEY**

*Jag tog visualiseringsövningen från Apollo-programmet och införde den bland de olympiska idrottarna under 1980- och 1990-talet. Vi kallade det för Visuell Motorisk Träning.*

*När du visualiserar materialiserar du. Det mänskliga sinnet har en intressant förmåga. Vi bad en grupp olympiska idrottare att enbart visualisera att de sprang ett tävlingslopp, och sedan kopplade vi på dem en avancerad biofeedback-utrustning. Otroligt nog var det samma muskler som aktiverades i precis samma ordning när de sprang sitt lopp i tankarna som när de sprang det i verkligheten. Vad berodde det på? Jo, på att hjärnan inte kan skilja på om man verkligen gör något eller bara tänker på att man gör det. Om du har varit där i tankarna kommer du att vara där med din fysiska kropp också.*

Tänk på alla uppfinnare och deras uppfinningar: Bröderna Wright och flygplanet. George Eastman och filmen. Thomas Edison och glödlampan. Alexander Graham Bell och telefonen. Det enda sättet på vilket någonting någonsin har uppfunnits eller skapats är att en person har sett en bild av det för sitt inre. Han har sett den klart och tydligt, och genom att hålla bilden av det slutliga resultatet för sitt inre, har han fått universums alla krafter att träda in och föra ut uppfinningen i världen *genom* honom.

Alla de här männen kände till Hemligheten. De hade fullkomlig tilltro till det osynliga och de var medvetna om den kraft de hade inom sig att kunna påverka universum och föra ut sin uppfinning i den synliga världen. Deras tillförsikt och fantasi har haft stort inflytande på mänsklighetens utveckling och vi kan dra fördel av deras skapande förmåga varje dag.

Nu kanske du tänker: "Men jag har inte samma förmåga som de här stora uppfinnarna." Och du kanske fortsätter: "De kunde föreställa sig något sådant, men det kan inte jag." Den tanken kunde inte vara längre bort från sanningen. Allt eftersom du upptäcker Hemligheten och den visdom den innefattar kommer du att lära dig att du inte bara besitter samma förmåga, utan mycket mer.

### Mike Dooley

*När du visualiserar, när du ser de där bilderna utspela sig för ditt inre, koncentrera dig alltid och enbart på det slutgiltiga resultatet.*

*Här följer ett exempel. Titta på ovansidan av din hand, nu med detsamma. Titta riktigt noga på händernas ovansida: hudfärgen, fräknarna, blodkärlen, ringarna, naglarna. Ta in alla detaljer. Precis innan du sluter ögonen, se hur dina händer och fingrar fattar tag om ratten till din splitter nya bil.*

### Joe Vitale

*Det här är en sådan holografisk upplevelse – så verklig i det här ögonblicket – att det inte ens känns som om du behöver den där bilen eftersom det redan känns som om du har den.*

Joe Vitales ord är en träffande sammanfattning av det tillstånd du behöver vara i när du visualiserar. När det känns som en chock att öppna ögonen och komma tillbaka till den fysiska världen, då har din visualisering förverkligats. Det är det här tillståndet, det här planet, som är det verkliga. Det är det fält där allting skapas, och det fysiska är bara resultatet av det verkliga fältet där allt skapat existerar. Det är därför det inte känns som om du behöver det längre, för du har känt det verkliga skapande fältet genom din visualisering. I det fältet har du allting nu. När du känner det, då kommer du att veta det.

### Jack Canfield

*Det är i själva verket känslan som skapar attraktionen, inte bara bilden eller tanken. Många människor tänker: "Om jag tänker positiva tankar, eller om jag visualiserar att jag har det jag önskar mig, så räcker det." Men om du gör det och ändå inte känner dig rik eller fylld av kärlek eller glädje, då uppstår inte den dragningskraft du eftersträvar.*

### BOB DOYLE

*Du lever dig in i känslan av att verkligen sitta i den där bilen. Inte "Jag önskar att jag kunde få den där bilen" eller "Någon gång kommer jag att få den där bilen", för det finns en mycket bestämd känsla förknippad med sådana tankar. Du har inte bilen här och nu. Den befinner sig i framtiden. Om du håller fast vid den känslan kommer den alltid att finnas i framtiden.*

### MICHAEL BERNARD BECKWITH

*Den där känslan och det där inre seendet blir till en öppning genom vilken universums kraft kommer att börja manifesteras.*

> "Vad denna kraft är kan jag inte säga. Det enda jag vet är att den existerar."
>
> Alexander Graham Bell (1847–1922)

### JACK CANFIELD

*Vår uppgift är inte att räkna ut hur det ska gå till. Lösningarna uppstår genom vårt engagemang och vår tro på det vi vill.*

### MIKE DOOLEY

*Alla frågor om hur din önskan ska förverkligas är universums domäner. Universum vet alltid den kortaste, snabbaste och mest harmoniska vägen mellan dig och din dröm.*

### JOE VITALE

*Om du överlämnar din önskan till universum kommer du att bli förvånad och förbluffad över vad du får ta emot. Det är här som magi och mirakel uppstår.*

De som undervisar om Hemligheten är alla medvetna om vilka krafter som sätts i spel när du visualiserar. När du ser bilden för ditt inre och känner den, då försätter du dig i ett tillstånd i vilket du upplever och tror att du redan har det du önskar dig här och nu. Du praktiserar också tillit och tilltro till universum, eftersom du koncentrerar dig på slutresultatet oh upplever känslan av det utan att ägna någon uppmärksamhet alls åt "hur" det ska gå till. Den bild du har i sinnet innebär att du ser det som något som redan är verkligt. Dina känslor ser det som verkligt. Ditt medvetande och hela ditt sinnestillstånd ser det som om det redan har hänt. Det är visualiseringens konst.

### JOE VITALE

*Du behöver göra det här så gott som varenda dag, men det får aldrig kännas som en plikt. En väldigt viktig aspekt av hela Hemligheten är att må bra. Du behöver känna entusiasm inför hela processen. Du behöver vara glad, uppåt och på gott humör så mycket som möjligt.*

Alla har förmågan att visualisera. Låt mig bevisa det för dig med en bild av ett kök. För att det här ska fungera måste du först av allt skjuta bort alla tankar på ditt eget kök. Tänk inte på ditt eget kök. Rensa bort alla bilder av ditt kök, alla skåp, kylskåpet, spisen, kaklet och färgerna …

Du såg en bild av ditt eget kök för ditt inre, eller hur? Ja, då har du precis visualiserat!

> "Alla visualiserar vare sig de vet om det eller inte. Visualisering är den stora hemligheten bakom framgång."
>
> *Genevieve Behrend* (1881–1960)

Här följer ett tips om visualisering som John Demartini berättar om på sina kurser om att skapa genombrott i sin personliga utveckling. John säger att om du skapar en statisk bild för ditt inre kan det vara svårt att hålla kvar den bilden, och att det därför är bättre att frammana massor av rörelse i dina bilder.

För att illustrera det, föreställ dig ditt kök igen. Den här gången, se hur du kommer in i köket, går fram till kylskåpet och lägger handen på dörrhandtaget, öppnar dörren, tittar in och hittar en flaska kallt vatten. Sträck in handen och ta ut flaskan. Du kan känna kylan mot handen när du håller om flaskan. Du har vattenflaskan i ena handen och använder andra handen för att stänga kylskåpsdörren. Nu när du visualiserar ditt kök med detaljer och rörelser är det lättare att se och hålla kvar bilderna av det, eller hur?

"Vi besitter alla fler förmågor och större möjligheter än vi inser, och visualisering är en av de främsta av dessa förmågor."

*Genevieve Behrend*

# De kraftfulla övningarna och processerna i praktiken

**MARCI SHIMOFF**

*Den enda skillnaden mellan människor som lever på det här sättet, som lever i livets magi, och dem som inte gör det är att de som lever i livets magi har särskilda vanor. De har gjort det till en vana att använda sig av lagen om attraktion, och magi uppstår vart de än beger sig just därför att de kommer ihåg att använda den. De använder sig av den hela tiden, inte bara som en engångsföreteelse.*

Här följer två berättelser från verkliga livet som tydligt visar hur stark lagen om attraktion är och hur perfekt universum fungerar.

Den första berättelsen handlar om Jeannie, som köpte en dvd med *The Secret* och såg filmen minst en gång om dagen så att hon skulle ta in budskapet in i minsta cell i sin kropp. Hon tog särskilt stort intryck av Bob Proctor och tänkte att det skulle vara fantastiskt att få träffa honom.

En morgon hämtade Jeannie sin post och till hennes stora förvåning hade brevbäraren av misstag delat ut Bob Proctors post till hennes adress. Vad Jeannie inte visste var att Bob Proctor bara bodde fyra kvarter från henne! Och inte nog med det, Jeannies hus har samma gatunummer som Bobs. Hon tog genast med sig posten dit för att lämna den till rätt mottagare. Kan du föreställa dig hur glad hon blev när dörren öppnades av ingen mindre än Bob Proctor! Bob är sällan hemma eftersom han reser och undervisar runt hela världen, men den universella timingen fungerade perfekt. Utifrån Jeannies tanke om hur fantastiskt det skulle vara att få träffa Bob Proctor påverkade lagen om attraktion människor, omständigheter och händelser i hela universum så att det här kunde hända.

Den andra berättelsen handlar om tioåriga Colin, som hade sett *The Secret* och tyckte mycket om den. Colins familj tillbringade en hel vecka på Disney World, och första dagen fick de stå i långa köer i nöjesparken. Den kvällen, precis innan Colin skulle somna, tänkte han: ”I morgon vill jag åka alla de stora attraktionerna och inte behöva stå i kö en enda gång.”

Morgonen därpå stod Colin och hans familj vid grindarna till Epcot Center när det öppnade, och en av de Disney-anställda kom då fram och frågade om de ville vara Epcots VIP-familj den dagen. Som VIP-familj skulle de få en egen guide och direktbiljetter till alla de stora attraktionerna på Epcot. Det var ännu mer än vad Colin hade önskat sig!

Hundratals familjer stod och väntade för att komma in på Epcot den morgonen, men Colin hade inte det minsta tvivel om varför just hans familj hade blivit utvald till VIP-familj. Han visste att det var för att han hade använt sig av Hemligheten.

Föreställ dig att upptäcka – vid tio års ålder – att du inom dig besitter kraften att påverka hela världar!

> "Ingenting kan förhindra att dina bilder antar fysisk form förutom samma kraft som gav upphov till dem, nämligen du själv."
>
> Genevieve Behrend

## James Ray

*Människor håller fast vid det ett tag. De säger: "Jag är så entusiastisk. Jag såg det här programmet och jag ska förändra mitt liv." Men ändå uteblir resultaten. Under ytan är de precis på väg att förverkligas, men personen tittar bara på de ytliga resultaten och säger: "Det här fungerar ju inte." Och vet du vad? Då säger universum: "Din önskan är min lag" och så försvinner det.*

När du låter en tvivlande tanke komma in i ditt sinne gör lagen om attraktion att den ena tvivlande tanken efter den andra snart börjar infinna sig. I samma ögonblick som en tvivlande tanke dyker upp, släpp den genast. Skicka iväg tanken. Ersätt den med: "Jag vet att jag tar emot nu." Och känn det.

## John Assaraf

*Med den kunskap jag har om lagen om attraktion ville jag verkligen sätta den på prov och se vad som kunde hända. 1995 började jag använda mig av något som jag kallar för en visionstavla. Den fungerar som ett redskap för att förverkliga eller dra till mig det jag önskade mig, till exempel en bil eller en klocka eller mina drömmars livspartner. Jag satte upp bilder på det jag ville ha på den här tavlan. Varje dag satt jag på mitt kontor och tittade upp på den här tavlan, och så började jag visualisera. Jag kunde riktigt känna hur det kändes att redan ha det jag önskade i mitt liv.*

*En dag höll jag på att packa upp mitt kontor eftersom vi precis hade flyttat. Vi hade magasinerat alla möbler och flyttkartonger och under fem års tid hade vi flyttat tre gånger. Till slut bestämde vi oss för att flytta till Kalifornien och köpa ett hus där. Vi renoverade det under ett år och lät sedan hämta hem allt från vår förra bostad, som vi hade lämnat fem år tidigare. Den här morgonen kom min son Keenan in på mitt kontor, och en av flyttlådorna som hade varit förseglad i fem år stod precis på tröskeln. Han frågade: "Vad är det i alla lådorna, pappa?" Och jag sa: "I den där har jag mina visionstavlor." Sedan frågade han: "Vad är en visionstavla?" Jag sa: "Jo, det är där jag sätter upp alla mina mål. Jag klipper ut bilder och sätter upp mina mål för det jag vill uppnå i mitt liv." Eftersom han bara var fem och ett halvt år förstod han naturligtvis inte riktigt vad jag menade, så jag sa: "Jag ska visa dig, det är enklast."*

*Jag öppnade lådan och på en av visionstavlorna fanns en bild av ett hus som jag hade visualiserat fem år tidigare. Med en chock insåg jag att vi bodde i precis det huset nu. Inte ett hus som liknade det – jag hade faktiskt köpt mitt drömhus och renoverat det – utan att ens veta om det. Jag tittade på huset på bilden och började gråta, så överväldigad kände jag mig. Keenan frågade: "Varför gråter du?" "Jag har äntligen förstått hur lagen om attraktion fungerar. Jag har äntligen förstått vilken kraft det ligger i att visualisera. Jag har äntligen förstått allt som jag har läst, allt som jag har arbetat med i hela mitt liv, mitt sätt att bygga upp företag. Det fungerade med vårt hus också, och jag har köpt vårt drömhus utan att ens veta om det."*

"Fantasin är allt. Den är en förhandsvisning av livets kommande attraktioner."

Albert Einstein *(1879–1955)*

Ge fantasin fria tyglar genom att skapa en visionstavla. Sätt upp bilder på allt det du vill ha och bilder på hur du vill att ditt liv ska vara. Försäkra dig om att du sätter upp visionstavlan där du kan titta på den varje dag, precis som John Assaraf gjorde. Känn känslan av att ha det du önskar nu. Allteftersom du tar emot dem och visar tacksamhet, tar du bort bilderna på det du har fått och ersätter dem med nya. Det här är ett fantastiskt sätt att demonstrera lagen om attraktion för barn. Jag hoppas att det här med att skapa en visionstavla kan inspirera föräldrar och lärare över hela världen.

En av dem som har skrivit på hemsidans forum berättade att han hade satt upp en bild på dvd:n *The Secret* på sin visionstavla. Han hade sett *The Secret* men hade inget eget exemplar av dvd:n. Två dagar efter det att han hade skapat sin visionstavla fick jag en idé om att skriva ett meddelande på Forumet och ge bort en dvd till de första tio personerna som skrev något där. Han var en av de tio! Han fick ett exemplar av dvd:n *The Secret* två dagar efter det att han satte upp bilden på sin visionstavla. Oavsett om det handlar om filmen *The Secret* eller om ett hus, är glädjen i att skapa det och ta emot det helt fantastisk!

Ett annat slående exempel på visualisering kommer från min mamma som skulle köpa ett nytt hus. Flera andra förutom min mamma hade lagt bud på det här speciella huset som hon ville ha. Mamma bestämde sig för att använda Hemligheten för att huset skulle bli hennes. Hon satte sig ner och skrev sitt namn tillsammans med den nya adressen om och om igen. Hon fortsatte göra det tills det kändes som om det verkligen var hennes egen adress. Sedan föreställde hon sig hur hon flyttade in i sitt nya hus med alla sina möbler. Inom några timmar efter det att hon hade visualiserat det här, ringde telefonen och hon fick besked om att säljaren hade accepterat hennes bud. Hon blev förstås överlycklig, men det kom inte som någon överraskning för henne, eftersom hon visste att huset var hennes. Vilken manifestation!

**JACK CANFIELD**

*Bestäm dig för vad du vill. Tro att du kan få det. Tro att du förtjänar det och tro att det är möjligt för dig. Slut sedan ögonen varje dag i flera minuter och visualisera att du redan har det du vill ha. Riktigt känn hur det känns att redan ha det. När du har gjort det, tänk på allt det som du är tacksam för och känn din glädje över det. Gå sedan vidare med din dag och överlåt allt till universum och lita på att universum kommer att räkna ut ett sätt att manifestera det åt dig.*

## Hemligheten i sammanfattning

- *Förväntningar har en stark attraktionskraft. Förvänta dig det du vill ha och lämna därhän det du inte vill ha.*

- *Tacksamhet är ett kraftfullt sätt att förändra din energi och dra till dig mer av det du vill ha i ditt liv. Var tacksam för det du redan har, så kommer du att dra till dig mer av det du önskar dig.*

- *Att tacka för det du vill ha i förväg ger extra kraft åt dina önskningar och sänder ut en ännu starkare signal i universum.*

- *Visualisering handlar om att skapa en bild för ditt inre av hur du redan har fått det du önskar dig och hur du njuter av att ha det i ditt liv. När du visualiserar skapar du starka tankar och känslor av att du redan har det nu. Lagen om attraktion sänder sedan tillbaka den verkligheten till dig, precis så som du såg den för ditt inre.*

- *För att använda lagen om attraktion till din fördel, gör det till en vana, till ett sätt att vara, och inte bara till en engångsföreteelse.*

- *I slutet av varje dag, innan du somnar, gå igenom dagens händelser. Spela upp för ditt inre de situationer som kanske inte blev som du hade tänkt dig precis så som du ville ha dem.*

# Hemligheten med pengar

"Allt som sinnet … kan tänka ut kan det också förverkliga."

W. Clement Stone (1902–2002)

**Jack Canfield**

*Hemligheten innebar en stor förändring för mig, eftersom jag växte upp med en mycket negativ pappa. Han ansåg att rika människor var människor som hade lurat alla andra, och att alla som hade pengar måste ha lurat någon. Jag växte alltså upp med många sådana föreställningar om pengar: om man hade pengar var man en dålig människa, det var bara onda människor som hade pengar, och pengar växer inte på träd. "Vem tror du jag är, Rockefeller?" var ett av pappas favorituttryck. Jag fick lära mig och trodde verkligen att livet var svårt. Det var inte förrän jag träffade Clement Stone som jag började förändra mitt liv.*

*När jag gick en kurs för Clement Stone sa han: "Jag vill att du sätter upp ett mål som är så stort att om du uppnådde det, då skulle du bli alldeles överväldigad och du skulle veta att du bara kan ha uppnått det med hjälp av det jag har lärt dig." På den tiden tjänade jag någonstans mellan femtio- och sextiotusen kronor om året, så jag sa: "Jag vill tjäna sjuhundratusen kronor på ett år." Jag hade ingen aning om hur det skulle gå till. Jag såg ingen strategi och inga möjligheter, men jag sa bara: "Jag ska be om det, jag ska tro på det, jag ska handla som om det är sant och sedan släppa taget om det." Och det gjorde jag.*

*Han lärde mig att varje dag sluta ögonen och visualisera målet som om jag redan hade uppnått det. Jag hade faktiskt också ritat en check på sjuhundratusen kronor som jag satte upp i taket. Det första jag såg på morgonen var den här checken, som påminde mig om att det här var min avsikt. Sedan slöt jag ögonen och visualiserade att jag levde på det sätt jag skulle kunna göra om jag tjänade sjuhundratusen kronor om året. Intressant nog hände det ingenting särskilt den första månaden. Jag fick inga storslagna idéer och ingen erbjöd mig några pengar.*

*Efter närmare fyra veckor fick jag en fantastisk idé. Den bara dök upp i mitt huvud. Jag hade en bok som jag hade skrivit och jag sa: "Om jag kan sälja fyrahundratusen exemplar av min bok med en vinst på strax under två kronor per bok, då blir det sjuhundratusen kronor." Jag hade boken, men jag hade aldrig tänkt den här tanken. (En av Hemligheterna är att när du får en ingivelse, då måste du lita på den och handla utifrån den.) Jag hade ingen aning om hur jag skulle kunna sälja fyrahundratusen exemplar. Sedan fick jag syn på tidningen National Enquirer i affären när jag var och handlade. Jag hade sett den tusentals gånger och brukade sällan ägna den någon större uppmärksamhet. Helt plötsligt fick jag syn på den och den fångade min uppmärksamhet. Jag tänkte: "Om deras läsare kände till min bok, då skulle säkert fyrahundratusen människor gå och köpa den."*

*Ungefär sex veckor senare höll jag föredrag på Hunter College i New York för sexhundra lärare, och efteråt kom en kvinna fram till mig och sa: "Det där var ett fantastiskt föredrag. Jag vill intervjua dig. Här är mitt visitkort." Det visade sig att hon var frilansjournalist och brukade sälja sina reportage till National Enquirer. Jag kunde riktigt höra signaturmelodin från "The Twilight Zone" för mitt inre samtidigt som jag tänkte, wow, det här fungerar verkligen. Artikeln kom in i tidningen och bokförsäljningen började ta fart.*

*Vad jag vill säga är att jag drog till mig alla de här olika händelserna, även mötet med journalisten. För att göra en lång historia kort tjänade jag inte sjuhundratusen kronor det året, siffran slutade på sexhundrafyrtiosextusentvåhundraåttionio kronor. Men tror du vi var ledsna för det och sa: "Det här fungerar inte"? Nej, vi sa: "Det här är helt otroligt!" Min fru sa till mig: "Om det fungerar med sjuhundratusen, tror du det kan fungera med sju miljoner?" Och jag sa: "Jag vet inte, men jag tror det. Vi gör ett försök."*

*När min förläggare skulle betala ut royaltyn för vår första bok,* Godbitar: berättelser för själ och hjärta (Chicken Soup for the Soul) *ritade han faktiskt dit ett leende ansikte i sin signatur på checken, eftersom det var den första check han någonsin hade skrivit ut som var på över sju miljoner kronor.*

*Så jag vet av egen erfarenhet, eftersom jag ville testa den. Fungerar verkligen den här Hemligheten? Vi satte den på prov. Den fungerade fantastiskt bra och nu lever jag mitt liv utifrån den varenda dag.*

Kunskapen om Hemligheten och att avsiktligt använda lagen om attraktion kan tillämpas på alla områden i ditt liv. Processen är densamma för allt du vill skapa, och det är inte annorlunda med pengar.

För att dra till dig pengar måste du inrikta dig på välstånd. Det är omöjligt att skapa mer pengar i ditt liv när du ser det som att du inte har tillräckligt med pengar, eftersom det innebär att du tänker tankar om att inte ha tillräckligt. Om du inriktar dig på att du har brist på pengar kommer du att skapa fler omständigheter som bekräftar att du inte har tillräckligt med pengar. Du måste inrikta dina tankar på ekonomiskt oberoende för att skapa det i ditt liv.

Du måste signalera med dina tankar, och de här tankarna bör handla om att du just nu har mer än tillräckligt. Du måste sätta din fantasi i rörelse och låtsas att du redan har alla pengar du vill ha. Det är verkligen roligt att göra det! Du kommer att märka att när du låtsas att du är rik, då kommer du genast att få en mer positiv inställning till pengar, och när du känner så, då kommer pengarna att strömma in i ditt liv.

Jacks underbara berättelse blev till en inspiration för vårt team till att skapa en oskriven check som man kan ladda ner från hemsidan www.thesecret.tv. Den tomma checken är till dig utställd av universums egen "bank". Fyll i datum, ditt namn, summan du önskar och skriv under, och sätt sedan upp checken på en plats där du kan se den varje dag. När du tittar på checken, känn känslan av att ha pengarna redan nu. Föreställ dig att du använder pengarna, se framför dig allt det du vill köpa och allt du vill göra med hjälp av dem. Känn hur underbart det är! Känn att pengarna är dina, för när du ber om dem, så är de det. Vi har tagit emot hundratals berättelser från människor som har dragit till sig enorma summor pengar genom att använda den här checken. Det är en rolig lek som fungerar!

## Dra till dig välstånd

Enda anledningen till att människor inte har tillräckligt mycket pengar är att de med sina tankar sätter upp hinder för att pengar ska kunna komma till dem. Alla negativa tankar och känslor hindrar ditt goda från att komma till dig, och det innefattar även pengar. Det är inte det att universum undanhåller pengarna från dig, för alla pengar du behöver finns här och nu i det osynliga. Om du inte har tillräckligt beror det på att du lägger hinder i vägen för att flödet av pengar ska kunna komma till dig, och det gör du med dina tankar. Du måste vara noga med att i tankarna främst vara inriktad på att du har mer än tillräckligt i stället för på att du har brist på pengar. Tänk fler välståndstankar än tankar på att det råder en brist, så att vågskålarna väger över åt det positiva hållet.

När du *behöver* pengar ger det upphov till en stark känsla inom dig, och därför blir det naturligtvis så att du genom lagen om attraktion fortsätter att dra till dig det här med att *behöva* pengar.

Jag kan tala av egen erfarenhet när det gäller pengar, för precis innan jag upptäckte Hemligheten hade min revisor talat om för mig att mitt företag hade gått med rejäl förlust det året och skulle vara konkursmässigt inom tre månader. Efter tio års hårt arbete såg det ut som om mitt företag höll på att gå mig ur händerna. Och eftersom jag *behövde* mer pengar för att rädda mitt företag blev det bara värre. Det tycktes inte finnas någon utväg alls.

Sedan upptäckte jag Hemligheten och allting i mitt liv – även mitt företag – förvandlades helt och hållet eftersom jag förändrade mitt sätt att tänka. Medan min revisor fortsatte att bekymra sig om siffrorna och koncentrera sig på dem, inriktade jag mig på välstånd och på att allt var som det skulle. Jag *visste* med hela min varelse att universum skulle ge mig vad jag behövde, och så blev det också, på ett sätt som jag inte hade kunnat föreställa mig. Jag hade mina tvivel ibland, men när de dök upp vände jag genast tankarna åt det resultat jag ville uppnå. Jag tackade för det, jag kände glädjen i det och jag *trodde* på det!

Jag ska berätta en hemlighet med Hemligheten. Den bästa genvägen till allt du kan önska dig är att *vara* och *känna dig* glad och lycklig nu! Det är det snabbaste sättet att dra till dig pengar eller vad helst du vill ha i ditt liv. Föreställ dig att du sänder ut känslor av lycka och glädje i universum. När du gör det kommer du att dra till dig det som skänker dig lycka och glädje, vilket inte bara innefattar rikligt med pengar utan allting annat du vill ha. Du måste sända ut signalen för att få tillbaka det du vill ha. När du sänder ut de här känslorna av lycka kommer de att sändas tillbaka till dig som händelser och upplevelser i ditt liv. Lagen om attraktion speglar tillbaka till dig dina innersta tankar och känslor i form av det som sker i ditt liv.

# *Koncentrera dig på välstånd*

**JOE VITALE**

*Jag kan föreställa mig vad många tänker nu: "Hur kan jag dra till mig mer pengar i mitt liv? Hur kan jag komma på grön kvist? Hur kan jag skaffa mig större välstånd och bättre ekonomi? Jag älskar mitt arbete, men hur ska jag klara av min kreditkortsskuld när jag vet att det kanske finns ett tak för hur mycket pengar som kan komma in eftersom jag får en fast lön för mitt arbete?" Använd din intention!*

*Det här handlar om något jag pratat om i The Secret vid flera tillfällen. Din uppgift är att tala om vad du vill ha ur universums katalog. Om pengar och kontanta medel är en av dem, säg hur mycket du skulle vilja ha. "Jag vill ha hundrasjuttiofemtusen kronor i oväntade inkomster inom en månad" eller vad det nu råkar vara. Det du ber om måste vara något du kan tro på.*

Om du tidigare har haft en tanke som säger att det enda sättet som pengar kan komma till dig på är genom ditt arbete, släpp då genast den tanken. Kan du se att om du fortsätter att leva med den föreställningen, då måste den bli din verklighet? Sådana tankar skapar inte de resultat du vill ha.

Du håller nu på att lära dig förstå att pengar och välstånd är tillgängligt för dig, och att det inte är din uppgift att räkna ut "hur" pengarna ska komma till dig. Det är din uppgift att be om dem, att tro på att du får ta emot dem och att känna dig lycklig här och nu. Överlåt de praktiska detaljerna om hur det ska gå till åt universum.

### Bob Proctor

*De flesta människor har som mål att bli skuldfria. Det gör att de alltid kommer att ha skulder. Allt det du tänker på drar du också till dig. Du säger: "Men jag vill ju bli av med mina skulder." Jag bryr mig inte om ifall du vill ha nya skulder eller om du bli av med dem du redan har. Om du tänker i termer av skulder, då är det vad du drar till dig. Ordna automatiska avbetalningar på dina lån och börja sedan inrikta dina tankar på välstånd.*

När du har en hel hög med räkningar och inte har en aning om hur du ska betala dem kan du inte ägna dig åt att tänka på de där räkningarna, eftersom du då kommer att dra till dig ännu fler räkningar. Du måste hitta ett sätt som fungerar för dig så att du kan koncentrera dig på välstånd, *trots* alla räkningar. Du måste hitta ett sätt att må bra så att du kan dra till dig det goda du önskar dig.

### James Ray

*Det händer ofta att människor säger till mig: "Jag skulle vilja fördubbla min inkomst nästa år." Men sedan när man ser hur de beter sig, visar det sig att de inte gör det som behövs för att det ska kunna ske. I nästa andetag kan de säga: "Det har jag inte råd med." Gissa vad som händer då? "Din önskan är min lag."*

Om orden "Det har jag inte råd med" har kommit över dina läppar är det i *nuet* du har möjlighet att ändra på det. Ändra det genom att säga: "Det har jag råd med! Jag kan köpa det där!" Säg det om och om igen. Bli som en papegoja. Varje dag under den kommande månaden, gör det till din avsikt att titta på allt du tycker om och säga till dig själv: "Det där har jag råd med." När du ser din drömbil köra förbi, säg: "Den har jag råd med." När du gör det kommer du att börja förändra dina tankar och kommer att få fler positiva känslor i fråga om pengar. Du kommer att börja övertyga dig själv om att du har råd med det du önskar dig, och när du gör det kommer bilderna och de praktiska omständigheterna i ditt liv att förändras.

### Lisa Nichols

*När du inriktar dina tankar på att det råder en brist och på det du inte vill ha, när du ställer till bråk om pengar i familjen och diskuterar de här problemen med dina vänner, då talar du om för dina barn att du inte har tillräckligt – "Vi har inte så det räcker till det här, vi har inte råd med det där" – och sedan kommer ni aldrig att få råd med det eftersom ni då börjar dra till er mer av det ni inte vill ha. Om du vill leva i välstånd, om du söker ekonomiskt överflöd, inrikta dig då på välstånd. Tänk tankar på överflöd.*

> "Den andliga substans från vilken allt synligt välstånd kommer förbrukas aldrig. Den finns alltid med dig och svarar på din tilltro till den och på de krav du ställer på den.
>
> Charles Fillmore (1854–1948)

Nu när du känner till Hemligheten kommer du att veta, när du träffar rika människor, att deras förhärskande tankar handlar om välstånd och inte om brist på något och att de har dragit till sig sitt välstånd – vare sig det har skett medvetet eller omedvetet. Dessa människor har inriktat sina tankar på välstånd och universum har påverkat andra människor, omständigheter och händelser för att leverera välstånd till dem.

Det välstånd de har, det har du också. Enda skillnaden mellan er är att de har tänkt de tankar som behövs för att dra till sig det. Ditt välstånd väntar på dig i det osynliga, och för att få fram det i den synliga världen, tänk tankar om välstånd!

### David Schirmer

*När jag för första gången förstod Hemligheten tänkte jag: "Hur kan jag förändra min situation?" Lagen om attraktion säger att det du tänker på det kommer du att få, så jag tog fram ett kontoutdrag och strök över saldot med tipp-ex och skrev in en ny siffra där. Jag skrev precis så mycket som jag ville ha på banken. Sedan tänkte jag: "Tänk om jag bara kan visualisera att jag får in mer pengar på kontot?" Sagt och gjort, jag visualiserade att jag fick in massor av pengar på mitt konto. Efter bara en månad började det hända saker. Det är helt fantastiskt, i dag får jag en hel del räkningar med posten, men desto mer pengar in på mitt konto.*

Sedan filmen *The Secret* släpptes har vi tagit emot hundratals brev från människor som berättar att de har fått oväntade inkomster sedan de sett filmen. Det händer därför att de ägnar sina tankar och sin uppmärksamhet åt Davids berättelse och därigenom själva drar till sig extra inkomster.

En liten lek jag hittade på som hjälpte mig att ändra på mina känslor inför alla räkningar jag hade var att låtsas att räkningarna i själva verket var checkar. Jag hoppade jämfota av glädje när jag öppnade dem och sa: ”Mer pengar till mig! Tack. Tack.” Jag tog varje räkning, föreställde mig att den var en check, och sedan lade jag till en nolla för mitt inre för att göra den ännu större. Jag skaffade ett anteckningsblock och skrev överst på sidan ”Jag har tagit emot”, och sedan gjorde jag en lista över alla summorna på räkningarna med en nolla till på slutet. Bredvid varje summa skrev jag ”Tack” och kände känslan av tacksamhet för att jag hade fått ta emot den – så starkt att jag till och med fick tårar i ögonen. Sedan tog jag var och en av räkningarna, som såg väldigt små ut jämfört med vad jag hade tagit emot, och betalade dem med tacksamhet!

Jag öppnade aldrig mina räkningar förrän jag hade försatt mig i det här tillståndet där jag kände att de egentligen var inkomster. Om jag öppnade mina räkningar innan jag hade övertygat mig om att de var inkomster fick jag fjärilar i magen. Jag visste att känslan av att få fjärilar i magen gjorde att jag bara fick fler räkningar. Jag visste att jag måste göra mig av med den känslan och ersätta den med glada, positiva känslor så att jag kunde få in mer pengar i mitt liv. Den här leken fungerade för mig i fråga om den där högen med räkningar och den förändrade mitt liv. Det finns många lekar du kan hitta på, och du kommer att veta vad som fungerar bäst för dig genom att vara uppmärksam på dina känslor. När du låtsas och fantiserar, då kommer resultaten snabbt!

## Loral Langemaier

### Ekonomisk strateg, föreläsare och coach

*Jag växte upp med föreställningen att man måste arbeta hårt för att tjäna pengar. Jag bytte ut den mot "Pengar kommer till mig ofta och lätt". I början känns det som en lögn, eller hur? Det finns en del av hjärnan som vill säga: "Din lögnhals, det är faktiskt svårt att tjäna pengar." Du behöver vara medveten om att det uppstår en liten tennismatch som varar ett tag.*

Om du har haft tankar som säger: "Jag måste arbeta riktigt hårt och kämpa mycket för att tjäna pengar", släpp genast taget om dem. Genom att tänka sådana tankar har du sänt ut den frekvensen, och dina tankar har blivit till de bilder som format dina upplevelser i livet. Följ Loral Langemeiers råd och byt ut de här tankarna så att du i stället tänker: "Pengar kommer till mig ofta och lätt."

## David Schirmer

*När det gäller att skapa välstånd, så är välstånd ett tänkesätt. Allt handlar om hur du tänker.*

## Loral Langemaier

*Ungefär 80 procent av den coachning jag gör med människor handlar om deras psyke och deras sätt att tänka. Jag vet att människor ofta säger: "Javisst, du kan klara av det, men inte jag." Men alla människor har förmågan att förändra sin inre relation till pengar och sina föreställningar om pengar.*

”De goda nyheterna är att i samma ögonblick som du bestämmer dig för att det du vet är viktigare än det du har fått lära dig att tro, då kommer du att ha lagt in en ny växel i ditt sökande efter välstånd. Framgång kommer inifrån, inte utifrån.”

Ralph Waldo Emerson (1803–1882)

Du måste ha positiva känslor inför pengar för att dra till dig mer pengar. När människor inte har tillräckligt med pengar blir det förståeligt nog ofta så att de inte har några positiva känslor inför pengar. Men sådana här negativa känslor inför pengar är ett hinder för att ett överflöd av pengar ska kunna komma till dig! Du måste bryta den negativa cirkeln, och det gör du genom att börja känna positiva känslor inför pengar och vara tacksam för det du har. Börja med att säga och känna: ”Jag har mer än tillräckligt.” ”Det finns ett överflöd av pengar, och de är på väg till mig.” ”Jag drar till mig pengar som en magnet.” ”Jag älskar pengar och pengar älskar mig.” ”Jag tar emot pengar varje dag.” ”Tack. Tack. Tack.”

## Ge bort pengar för att få pengar

Att ge är ett kraftfullt sätt att få in mer pengar i ditt liv, för när du ger säger du: ”Jag har mer än tillräckligt.” Det kommer kanske inte som någon överraskning för dig att de rikaste människorna på jorden är de största filantroperna. De ger bort stora summor pengar, och när de ger öppnar sig universum genom lagen om attraktion och stora summor pengar strömmar tillbaka till dem – mångfaldigade!

Om du tänker: "Jag har inte tillräckligt mycket pengar för att kunna ge bort några", bingo! Då vet du varför du inte har tillräckligt mycket pengar! När du tror att du inte har tillräckligt mycket för att kunna ge till andra, börja då att ge. När du visar din tilltro till givandet måste lagen om attraktion ge dig mer pengar att ge bort.

Det är stor skillnad på att ge och på att offra sig. Att ge från hjärtats överflöd känns härligt. Men blanda inte ihop de två sakerna – de är varandras raka motsats. Den ena signalerar en brist på något och den andra att du har mer än tillräckligt. Den ena känns bra och den andra känns inte bra. Att offra sig leder så småningom till bitterhet. Att ge med överflödande hjärta är något av det mest glädjande man kan göra. Lagen om attraktion tar fasta på den signalen så att ännu större överflöd börjar strömma in i ditt liv. Du kan *känna* skillnaden.

### James Ray

*Jag har träffat många människor som tjänar mycket pengar, men ofta är deras relationer urusla. Och det är inte välstånd. Vi kan sträva efter pengar och vi kan bli rika, men det är ingen garanti för att vi kommer att leva i välstånd. Jag vill inte påstå att pengar inte är en del av välstånd, det är de absolut. Med de är bara en del av det.*

*Jag träffar också många människor som är "andliga", men de är ständigt sjuka och panka. Det är inte heller välstånd.*

*Det är meningen att vi ska leva i välstånd – på livets alla områden.*

Om du har vuxit upp med föreställningen att det inte är andligt att vara rik, då vill jag verkligen rekommendera dig att läsa Catherine Ponders böcker i serien Millionaires of the Bible. I de här fantastiska böckerna kommer du att upptäcka att Abraham, Isak, Jakob, Josef, Moses och Jesus inte bara lärde ut välstånd, utan också själva var miljonärer med en livsstil som kännetecknades av ett större välstånd än vad många av dagens miljonärer skulle kunna drömma om.

Du är arvtagare till deras kungarike. Välstånd är din födslorätt och du har nyckeln till mer välstånd – på alla områden i ditt liv – än du någonsin kan föreställa dig. Du förtjänar allt det goda du önskar dig och universum kommer att ge dig allt det goda du vill ha, men du måste först kalla in det i ditt liv. Nu känner du till Hemligheten. Du har nyckeln. Nyckeln är dina tankar och känslor, och du har haft nyckeln i din hand hela ditt liv.

**MARCI SHIMOFF**

*Många människor i vår västerländska kultur strävar efter framgång. Man vill ha ett fantastiskt hem, man vill att företaget ska gå bra, och man vill ha allt möjligt i det yttre. Men vad vi upptäckte i vår forskning var att allt det yttre inte automatiskt ger oss det vi önskar oss, det vill säga lycka. Vi strävar efter det i tron att det kommer att göra oss lyckliga, men det fungerar precis tvärt om. Du måste först stärka din inre glädje, din inre frid och din inre vision och efter det faller allt det yttre på plats.*

Allt det du vill ha handlar om ett inre arbete! Den yttre världen består av effekter, den är bara ett resultat av dina inre tankar. Ställ in dina tankar och din frekvens på glädje och lycka. Utstråla de här inre känslorna av glädje och lycka och sänd ut dem i universum med all din kraft, så kommer du att få uppleva det sanna himmelriket på jorden.

## Hemligheten i sammanfattning

- *För att dra till dig pengar, inrikta dina tankar på välstånd och ekonomiskt oberoende. Det är omöjligt att få in mer pengar i ditt liv när du tänker att du lider brist på pengar.*

- *Det är till stor hjälp att använda din fantasi och låtsas att du redan har de pengar du vill ha. Lek att du är rik, så kommer du att skapa mer positiva känslor inför pengar, vilket i sin tur gör att du kommer att dra till dig mer pengar i ditt liv.*

- *Att vara glad och lycklig här och nu är det snabbaste sättet att dra till dig mer pengar.*

- *Gör det till din avsikt att titta på allt du tycker om och säga till dig själv: "Jag har råd med det. Jag kan köpa det." Du kommer att förändra ditt tänkande och få mer positiva känslor inför pengar.*

- *Ge bort pengar för att få in mer pengar i ditt liv. När du är generös med pengar och tycker om att dela med dig säger du i själva verket: "Jag har mer än tillräckligt."*

- *Visualisera att du får fler inkomster till ditt konto.*

- *Låt dina tankar till övervägande delen vara tankar på välstånd. Tänk välstånd.*

# Hemligheten med relationer

## Marie Diamond

### Konsult och lärare inom feng shui

*Hemligheten innebär att vi alla skapar vårt eget universum, och att allt det vi önskar oss och vill skapa kommer att manifesteras i våra liv. Därför är våra önskningar, tankar och känslor mycket viktiga eftersom de kommer att manifesteras.*

*En dag var jag hemma på besök hos en konstnär, som också är en mycket berömd filmproducent. I vartenda hörn hade han en vacker bild på en kvinna insvept i en schal. Hon såg ut ungefär som om hon sa: "Jag ser dig inte." Jag sa till honom: "Jag tror att du kanske har problem med relationer." Han sa: "Är du klärvoajant?" "Nej, men se här. På inte mindre än sju ställen har du precis samma kvinna." Han sa: "Men jag älskar den här sortens målningar. Jag har målat den själv." Jag sa: "Det är ännu värre, eftersom du har lagt in hela din kreativitet och skaparkraft i den."*

*Här har vi alltså en ursnygg kille som träffar massor med skådespelerskor varje dag eftersom det är en del av hans arbete, och så har han ingen relation. Jag frågade honom: "Vad önskar du dig?" "Jag vill dejta tre kvinnor varje vecka." Jag sa: "Okej, måla det. Måla dig själv med tre kvinnor och häng upp bilderna i vartenda hörn av ditt hem."*

*Ett halvår senare träffade jag honom igen och frågade: "Hur går det med ditt kärleksliv?" "Fantastiskt! Kvinnor ringer till mig, de vill ha dejter med mig." "För det är det du vill", sa jag. Han sa: "Det känns fantastiskt. Jag har inte haft en enda dejt på åratal och nu har jag tre i veckan. De slåss om mig." "Vad bra", sa jag. Sedan berättade han: "Nu vill jag verkligen hitta en stabilare relation. Jag vill gifta mig, jag vill bli riktigt förälskad." Jag sa: "Jaha, måla det då." Han målade en underbar kärleksrelation, och ett år senare gifte han sig och han är mycket lycklig.*

*Det kom sig av att han hade sänt ut en önskan. Han hade önskat det inom sig i åratal utan att det hade hänt. Det berodde på att hans önskan inte kunde manifesteras eftersom den yttre nivån av honom själv – hans hem – hela tiden motsade hans önskan. Om du förstår hur det här fungerar, då kan du börja använda dig av det.*

Marie Diamonds berättelse om en klient är ett perfekt exempel på hur feng shui återspeglar innehållet i Hemligheten. Den illustrerar vilken skapande kraft våra tankar besitter när vi aktivt använder oss av dem. Alla våra handlingar måste föregås av en tanke. Tankar skapar de ord vi säger, de känslor vi känner och de handlingar vi utför. Handlingar är särskilt kraftfulla eftersom de är tankar som har fått oss att agera.

Vi kanske inte ens inser hur våra innersta tankar ser ut, men vi kan se vad vi har tänkt genom att granska våra egna handlingar. I berättelsen om filmproducenten speglades hans innersta tankar i hans handlingar och i hans fysiska omgivning. Han hade målat många kvinnor, som alla var vända bort ifrån honom. Kan du tänka dig hur hans innersta tankar såg ut? Trots att hans ord sa att han ville träffa fler kvinnor, återspeglade hans innersta tankar inte denna önskan i hans tavlor. Genom att avsiktligt välja att förändra sina handlingar började han inrikta alla sina tankar på det han ville uppnå. Med en sådan enkel förändring kunde han måla det han ville uppnå i sitt liv och manifestera det genom lagen om attraktion.

När du vill dra till dig något, försäkra dig om att dina handlingar inte motsäger dina önskningar. Ett av de mest fantastiska exemplen på det här ges av Mike Dooley, en av lärarna som finns med i *The Secret*, i hans kurs som finns inspelad på band, *Leveraging the Universe and Engaging the Magic*. Det är en berättelse om en kvinna som ville dra till sig sin perfekta partner. Hon hade gjort allt det rätta: Hon hade klargjort för sig själv hur hon ville att han skulle vara, hon hade gjort en detaljerad lista över hans egenskaper och hon hade visualiserat att han fanns i hennes liv. Trots allt detta lyste han med sin frånvaro.

Sedan en dag när hon kom hem och parkerade sin bil mitt i garaget slogs hon av insikten att hennes handlingar motsade det hon ville ha. Om hennes bil stod i mitten av garaget fanns det ingen plats kvar till hennes perfekta partner! Hennes handlingar talade om för universum att hon inte trodde att hon skulle få det hon hade bett om. Hon röjde genast upp i garaget och parkerade bilen i ena halvan, så att det blev plats åt hennes perfekta partners bil på andra sidan. Sedan gick hon in i sovrummet och öppnade sin garderob, som var proppfull med kläder. Där fanns ingen plats till hennes perfekta partners kläder. Hon flyttade på en del av sina kläder för att göra plats. Hon hade tidigare sovit mitt i sängen, och nu började hon sova på "sin" sida för att lämna plats åt sin partner.

Den här kvinnan berättade sin historia för Mike Dooley under en middag, och bredvid henne vid bordet satt hennes perfekta partner. Efter att hon hade gjort allt det här och agerat som om hon redan hade träffat sin perfekta partner, mötte hon honom och de är nu lyckligt gifta.

Ett annat exempel på att "handla som om" är en berättelse om min syster Glenda, som är produktionschef för filmen *The Secret.* Hon bodde och arbetade i Australien, och hon ville flytta till USA och börja arbeta tillsammans med mig på vårt amerikanska kontor. Glenda kände väl till Hemligheten, och därför gjorde hon allt det rätta för att åstadkomma det hon ville, men månaderna gick och hon var fortfarande kvar i Australien.

Glenda såg över hur hon betedde sig och insåg att hon inte "handlade som om" hon skulle få ta emot det hon bad om. Alltså började hon handla med stor kraft. Hon ordnade upp allting i sitt liv inför avresan. Hon avslutade sitt medlemskap i olika klubbar och föreningar, gjorde sig av med det hon inte behövde och tog fram sina resväskor och packade. Inom fyra veckor var Glenda i USA och arbetade på vårt USA-kontor.

Fundera över vad du har bett om och försäkra dig om att dina handlingar speglar det du förväntar dig att få ta emot, och att de inte motsäger det du har bett om. Handla som om du tar emot det nu. Gör precis det du skulle göra om du fick ta emot det redan i dag, och vidta åtgärder i ditt liv som speglar denna starka förväntan.

# Din uppgift är du

**LISA NICHOLS**

*När det gäller relationer är det viktigt att först förstå vem det är som går in relationen, och inte bara din partner. Du behöver förstå dig själv först.*

**JAMES RAY**

*Hur kan du någonsin förvänta dig att någon annan ska trivas i ditt sällskap om du inte själv gör det? Hemligheten eller lagen om attraktion handlar om att dra det till sig i ditt liv. Du måste bli riktigt, riktigt klar över vad du vill. Här är den fråga jag ber dig att tänka igenom: Behandlar du dig själv så som du vill att andra människor ska behandla dig?*

När du inte behandlar dig själv så som du vill att andra ska behandla dig kan du aldrig förändra din nuvarande situation. Dina handlingar är kraftfulla tankar, så om du inte behandlar dig själv med kärlek och respekt sänder du ut en signal som säger att du inte är tillräckligt viktig och värdefull. Den signalen kommer att fortsätta sändas ut och du kommer att uppleva fler situationer där människor inte behandlar dig väl. Människorna är bara effekten. Dina tankar är orsaken. Du måste börja behandla dig själv med kärlek och respekt, sända den signalen och vara på den frekvensen. Då kommer lagen om attraktion att påverka hela universum och ditt liv kommer att fyllas med människor som älskar och respekterar dig.

Många offrar sig för andra i tron att det gör dem till goda människor. Det är helt fel! Att offra sig kan bara komma från tankar på att det råder brist på något, eftersom det säger: "Det finns inte tillräckligt för alla, så jag får klara mig utan." Sådana känslor känns inte bra och leder så småningom till bitterhet. Det finns ett överflöd för alla och det är varje persons ansvar att dra till sig det man önskar. Det går inte att göra det här åt någon annan, eftersom vi inte kan tänka eller känna åt andra. Din uppgift är Du. När du gör det till en prioritet att må bra kommer den härliga, fantastiska frekvensen att sändas ut och beröra alla i din närhet.

**JOHN GRAY**

*Du blir din egen lösning. Peka inte på någon annan och säg: "Du är skyldig mig det här och du måste ge mig mer." Ge i stället mer till dig själv. Ta ledigt för att ägna dig åt dig själv så att du ger dig själv en känsla av fullkomlig tillfredsställelse, så att du har ett överflöd som du kan ge av.*

> "För att få kärlek … fyll dig själv med kärlek tills du blir en magnet."
>
> Charles Haanel

Många av oss har fått lära sig att sätta sig själva i sista rummet, och därför har vi dragit till oss känslor av att inte vara värda att ta emot livets goda. När vi har burit på de här känslorna har vi dragit till oss fler livssituationer som har fått oss att känna oss ännu mer otillräckliga och mindre värda att ta emot. Du måste ändra på de här tankarna.

> "Utan tvivel kan tanken att ge så mycket kärlek till sig själv verka väldigt kall, hård och obarmhärtig. Det här kan dock ses ur ett helt annat perspektiv när vi upptäcker att vi genom att ta hand om oss själva, så som vi blir vägledda av det oändliga, i själva verket blir bättre på att ta hand om andra, och att det faktiskt är enda sättet att kunna göra någon verklig nytta för andra."
>
> Prentice Mulford

Om du inte fyller på din egen kraft och kärlek först har du ingenting att ge till andra. Därför är det av största vikt att du tar hand om dig själv först. Börja med att stärka din glädje. Människor har ansvar för sin egen glädje. När du odlar din glädje och gör det som får dig att må bra är det en glädje för andra att umgås med dig. Du blir en fantastisk förebild för alla barn och alla andra i din omgivning. När du känner glädje behöver du inte ens fundera på om du har något att ge. Då har du ett naturligt överflöd.

**Lisa Nichols**

*Jag gick in i många relationer med en förväntan om att min partner skulle visa mig livets skönhet, eftersom jag inte såg min egen skönhet. När jag var barn var mina kvinnliga hjältar Bionic Woman, Wonder Woman och Charlies änglar. De är visserligen helt fantastiska, men de ser inte ut som jag. Det var inte förrän jag började älska Lisa – förrän jag började älska min kaffebruna hy, mina fylliga läppar, mina runda höfter och mitt svarta lockiga hår – det var inte förrän då som resten av världen också kunde börja älska mig.*

Anledningen till att du måste älska Dig är att det är omöjligt att känna dig glad och lycklig om du inte älskar Dig. När du inte tycker om dig själv lägger du hinder i vägen för all den kärlek och allt det goda som universum har att ge dig.

När du inte tycker om dig själv känns det som om du förlorar all din livskraft, eftersom allt det goda på livets alla områden – däribland hälsa, kärlek och välstånd – finns på glädjens och välbefinnandets frekvens. Känslan av att ha obegränsad energi, och den där fantastiska känslan av hälsa och välbefinnande, finns på glädjens och kärlekens frekvens. När du inte tycker om dig själv befinner du dig på en frekvens där du drar till dig fler människor, situationer och omständigheter som fortsätter att få dig att inte tycka om dig själv.

Du måste ändra ditt sätt att tänka och börja tänka på allt det hos dig själv som är underbart. Leta efter allt det positiva hos dig. När du inriktar dig på det kommer lagen om attraktion att visa dig fler fantastiska sidor hos dig. Du drar till dig det du tänker på. Det enda du behöver göra är att börja med en ihållande tanke på något positivt hos Dig, så kommer lagen om attraktion att svara genom att ge dig fler *liknande* positiva tankar. Leta efter det som är bra hos Dig. Sök, så ska du finna!

**BOB PROCTOR**

*Det finns något hos dig som är fantastiskt och storslaget. Jag har studerat mig själv i fyrtiofyra år. Jag vill pussa mig själv ibland! För du kommer att börja älska dig själv. Jag talar inte om fåfänga eller egenkärlek. Jag talar om en sund respekt för dig själv. Och när du älskar dig själv kommer du automatiskt att älska andra.*

## Marci Shimoff

*I relationer är vi så vana vid att klaga på andra människor. Till exempel: "Mina medarbetare är så lata, min man driver mig till vansinne, mina barn är så jobbiga." Vi tänker bara på hur andra människor är. Men för att relationer verkligen ska fungera behöver vi inrikta oss på vad vi uppskattar hos den andra personen, inte på det vi irriterar oss på. När vi klagar över något får vi bara mer av det.*

*Även om du har det väldigt jobbigt i en relation – ingenting fungerar, ni kommer inte överens, personen i fråga är besvärlig att umgås med – kan du ändå vända på och förändra den här relationen. Varje dag den kommande månaden, skriv ner alla de egenskaper som du uppskattar hos den andra personen. Tänk på alla skäl du har att älska honom eller henne. Du uppskattar hennes humor, du uppskattar att han är så stödjande. Du kommer att upptäcka att när du inriktar dig på att uppskatta och erkänna din älskades starka sidor, får du mer av dessa och problemen kommer att försvinna av sig själva.*

## Lisa Nichols

*Ofta ger vi andra möjlighet att skapa vår lycka, och många gånger gör de inte så som vi skulle önska oss. Varför? Därför att det bara är en enda person som kan styra över din glädje och din lycka, och det är du. Varken dina föräldrar, dina barn eller din partner har makt att skapa din glädje och lycka. De kan bara dela den med dig. Din glädje finns inom dig.*

All din glädje ligger på kärlekens frekvens – den högsta och starkaste frekvensen av alla. Du kan inte hålla kärleken i din hand. Du kan bara *känna* den i ditt hjärta. Den är ett tillstånd. Du kan se bevis för att kärleken kommer till uttryck mellan människor, men kärleken är en känsla, och du är den enda som kan utstråla och sända känslan av kärlek. Din förmåga att skapa känslor av kärlek är obegränsad, och när du älskar är du i fullkomlig harmoni med universum. Älska allting du kan. Älska alla du kan. Uppmärksamma bara det som du älskar, känn kärlek, så kommer du att uppleva att kärleken och glädjen kommer tillbaka till dig – mångfaldigade! Lagen om attraktion måste då skicka dig fler att älska. När du utstrålar kärlek kommer det att verka som om hela universum gör allting för dig, gör så att allt som är glädjande kommer i din väg och leder alla goda och underbara människor till dig. Och det är precis så det är.

# Hemligheten i sammanfattning

- *När du vill dra till dig en relation, försäkra dig om att dina tankar, ord och handlingar och din omgivning inte motsäger din önskan.*

- *Din uppgift är du. Om du inte fyller på dig själv först har du ingenting att ge till andra.*

- *Behandla dig själv med kärlek och respekt, så kommer du att dra till dig människor som visar dig kärlek och respekt.*

- *När du inte tycker om dig själv lägger du hinder i vägen för kärleken och drar i stället till dig ännu fler människor och situationer som fortsätter att bekräfta att du inte tycker om dig själv.*

- *Koncentrera dig på det du älskar hos dig själv, så kommer lagen om attraktion att visa dig fler fantastiska egenskaper du har.*

- *För att få en relation att fungera, inrikta dig på det du uppskattar hos den andra och inte på det du irriterar dig på. När du inriktar dig på andras starka sidor kommer du att få mer av dem.*

# Hemligheten med hälsa

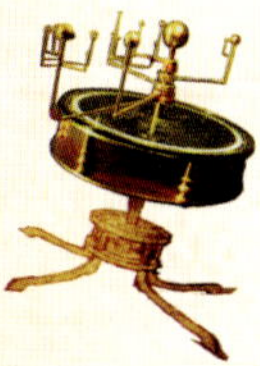

## Dr John Hagelin

### Kvantfysiker och politisk expert

*Den kropp vi har är verkligen en produkt av våra tankar. Inom den medicinska vetenskapen börjar vi förstå i vilken utsträckning våra tankar och känslor i själva verket avgör kroppens fysiska struktur och funktion.*

## John Demartini

*Inom den alternativa läkekonsten har vi länge känt till placeboeffekten. En placebo är något som förmodas inte ha någon effekt på kroppen, som till exempel ett sockerpiller.*

*Man säger till patienten att det här är lika effektivt, och vad som händer är att placebon ibland får samma effekt, om inte större, än de läkemedel som är avsedda att ge den eftersträvade effekten. Man har funnit att det mänskliga sinnet är den främsta faktorn för tillfrisknande, ibland till och med viktigare än mediciner.*

När du blir medveten om vidden av Hemligheten kommer du att börja se tydligare den bakomliggande sanningen om vissa företeelser i människors liv, även i fråga om hälsa. Placeboeffekten är ett kraftfullt fenomen. När patienter *tänker* och verkligen *tror* att tabletter är ett botemedel kommer de att *få* det de *tror*, och så blir de friska.

### JOHN DEMARTINI

*Om man är sjuk och, som ett alternativ till att använda medicin, har möjlighet att utforska vad det är i ens tankar som skapar sjukdomen, kan det få mycket goda effekter. Om det är fråga om en allvarlig sjukdom som verkligen kan leda till döden, då är det naturligtvis klokt att ta medicin samtidigt som man utforskar sitt inre. All slags läkekonst har sin plats.*

Läkning med hjälp av sinnet kan fungera väl tillsammans med mediciner. Om det finns smärta med i bilden kan mediciner vara till hjälp för att lindra smärtan, vilket gör det möjligt för patienten att koncentrera sig på hälsa med större kraft. "Att tänka perfekt hälsa" är något som alla kan göra inom sig oavsett vad som händer omkring dem.

### LISA NICHOLS

*Universum är ett mästerverk av överflöd. När du öppnar dig för att känna universums överflöd kommer du att uppleva all den förundran, glädje och lycka och allt det fantastiska som universum har i beredskap åt dig – god hälsa, välstånd och ett positivt sinne. Men när du stänger av dig själv med negativa tankar kommer du att känna obehaget, du kommer att känna smärtan, du kommer att känna värken, och det kommer att kännas som om varje dag är en plåga att ta sig igenom.*

### DR BEN JOHNSON

#### LÄKARE OCH FÖRFATTARE

*Det finns tusentals olika diagnoser och sjukdomar. De är bara den svaga länken. De är alla ett resultat av en enda sak: stress. Om du utsätter kedjan för tillräckligt stora påfrestningar, det vill säga om du utsätter kroppen för tillräckligt stora påfrestningar, då går någon av de svaga länkarna sönder.*

All stress börjar med en enda negativ tanke. En enda tanke som har lämnats utan åtgärd, och så kommer det fler och fler tankar ända tills det uppstår stress och allehanda påfrestningar. Effekten är stress, men orsaken är negativa tankar, och alltsammans börjar med en enda liten negativ tanke. Oavsett vad du har manifesterat kan du ändra på det … med en enda liten positiv tanke och sedan en till och en till.

### JOHN DEMARTINI

*Vår kropp skapar sjukdomar för att ge oss feedback, för att tala om för oss att vi har obalans i våra tankar, eller att vi inte är kärleksfulla eller tacksamma. Kroppens signaler och symtom är inte något hemskt.*

John Demartini säger här att kärlek och tacksamhet löser upp all negativitet, oavsett vilken form den har tagit. Kärlek och tacksamhet kan få havet att öppna sig, de kan förflytta berg och skapa mirakel. Kärlek och tacksamhet kan också lösa upp alla slags sjukdomar.

### Michael Bernard Beckwith

*Den fråga som människor ofta ställer är: "När någon har ådragit sig en sjukdom i kroppens tempel eller något slags obehag i sitt liv i övrigt, går det att förändra genom kraften i att 'tänka rätt'?" Och svaret är ja, absolut.*

## Skratt är den bästa medicinen

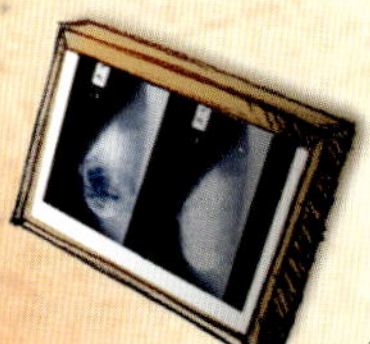

### Cathy Goodman, en personlig berättelse

*Jag fick veta att jag hade bröstcancer. Jag trodde verkligen i mitt hjärta att jag med min starka tro redan var frisk. Varje dag sa jag: "Tack för mitt tillfrisknande." Om och om och om igen sa jag: "Tack för mitt tillfrisknande." Jag trodde i mitt hjärta att jag redan var frisk. Jag såg mig själv som om jag aldrig hade haft någon cancer i min kropp.*

*En av de saker som jag gjorde för att läka mig själv var att titta på roliga filmer. Det var det enda vi gjorde, vi skrattade och skrattade. Vi såg till att jag inte blev stressad på något sätt, eftersom vi visste att stressa är det värsta man kan göra när man försöker läka sig själv.*

*Från den stunden jag fick diagnosen till det jag var frisk gick det ungefär tre månader. Och då hade jag inte fått någon strålning eller några cellgifter.*

Den här fantastiska berättelsen från Cathy Goodman visar tre storslagna krafter i verksamhet: Tacksamhetens kraft att läka, trons kraft att ta emot och skrattets och glädjen kraft att lösa upp sjukdomar i kroppen.

Cathy kände sig inspirerad att göra skrattet till en del av sin läkningsprocess efter att ha hört talas om Norman Cousins berättelse.

Norman hade fått veta att han hade en "obotlig" sjukdom. Läkarna sa att han bara hade några månader kvar att leva. Norman bestämde sig för att läka sig själv och bli frisk. I tre månader gjorde han ingenting annat än att titta på roliga filmer och skratta, skratta, skratta. Sjukdomen lämnade hans kropp på de här tre månaderna och läkarna deklarerade att hans tillfrisknande var ett mirakel.

När Norman skrattade släppte han taget om all negativitet, och han släppte taget om själva sjukdomen. Skratt är verkligen den bästa medicinen.

**Ben Johnson**

*Vi har alla ett medfött grundläggande program i oss. Det kallas för "självläkning". Man skär sig, såret läker ihop. Man får en bakterieinfektion, immunförsvaret rycker in och tar hand om bakterierna och läker infektionen. Immunsystemet är gjort för att läka sig självt.*

**BOB PROCTOR**

*Sjukdomar kan inte överleva i en kropp som befinner sig i ett hälsosamt känslomässigt tillstånd. Din kropp gör sig av med miljontals celler varje sekund, och den skapar också miljontals nya celler på samma korta tid.*

**JOHN HAGELIN**

*I själva verket byts delar av vår kropp ut varenda dag. Somliga delar tar några månader, andra delar tar några år. Men på några år har vi alla en helt ny fysisk kropp.*

Om hela vår kropp byts ut på några få år, så som forskningen har visat att den gör, hur kommer det då sig att sjukdomar och uppkomna brister kan finnas kvar i våra kroppar i många år? De kan bara hållas kvar där av tanken, genom observation av sjukdomen och genom den uppmärksamhet som sjukdomen får.

## Tänk tankar om perfektion

Tänk tankar om perfektion. Sjukdom kan inte existera i en kropp fylld av harmoniska tankar. Känn och upplev att det endast finns perfektion, och när du ser perfektion måste du också dra det till dig i ditt liv. Bristfälliga tankar är orsaken till människors upplevelse av sjukdom, fattigdom och olycka. När vi tänker negativa tankar skär vi av oss själva från vårt rättmätiga arv. Deklarera och gör det till din avsikt: ”Jag tänker perfekta tankar. Jag ser endast perfektion.

Jag är perfektion."

Jag förvisade alla spår av stelhet och brist på rörlighet från min kropp. Jag koncentrerade mig på att se min kropp som rörlig och lika perfekt som ett barns, och stelheten och värken försvann från alla mina leder. Det hände bokstavligen över en natt.

Du kan se att föreställningarna om åldrande finns i oss alla. Forskningen förklarar att vi får en helt ny kropp på mycket kort tid. Åldrande är ett begränsat tänkande, så släpp taget om alla sådana tankar och kom ihåg att din kropp bara är några månader gammal, oavsett hur många födelsedagar du har haft. Nästa gång du fyller år, gör dig själv en tjänst och fira den som din första födelsedag! Täck inte din tårta med sextio ljus om du inte vill dra till dig åldrande. Olyckligtvis har vi i vårt västerländska samhälle blivit fixerade vid ålder, fastän det i verkligheten inte finns något sådant.

Du kan tänka dig till ett perfekt hälsotillstånd, en perfekt kropp, din perfekta vikt och evig ungdom. Du kan manifestera det i din kropp och i hela din varelse genom att ständigt tänka tankar om perfektion.

**BOB PROCTOR**

*Om du har en sjukdom och tänker mycket på den och pratar med människor om den, då skapar du fler sjuka celler. Se dig själv som att du lever i en fullkomligt frisk kropp. Låt doktorn ta hand om sjukdomen.*

Många människor som har en sjukdom brukar ofta prata om den hela tiden. Det beror på att de ständigt tänker på den och det är det som kommer till uttryck. Om du känner dig lite krasslig, prata inte om det – om du inte vill ha mer av det. Kom ihåg att dina tankar är orsaken och upprepa så ofta du kan: "Jag mår fantastiskt bra. Jag känner mig pigg och frisk", och känn att det verkligen är så. Om du inte känner dig på topp och någon frågar hur du mår, var bara tacksam för att den här personen har påmint dig om att tänka tankar om att du mår bra. Tala bara om det du vill ha mer av.

Du kan inte "bli smittad" av något om du inte tror att du kan det, och om du tror att du kan bli smittad betyder det att du bjuder in det med dina tankar. Du bjuder också in sjukdom om du lyssnar på människor som talar om sina sjukdomar. När du lyssnar ger du alla dina tankar och din uppmärksamhet till sjukdom, och när du ger alla dina tankar till något, då ber du om det. Du är inte heller till någon hjälp för den andra människan, eftersom du bara ger mer energi åt hans eller hennes sjukdom. Om du verkligen vill vara till hjälp, styr in samtalet på något positivt om du kan eller gå din väg. När du tar farväl, se för ditt inre att den andra människan är fullkomligt frisk och släpp sedan taget om saken.

**LISA NICHOLS**

*Låt oss säga att du har två människor som båda har blivit sjuka, men den ena väljer att inrikta sig på glädje. Den ena väljer att leva med möjligheter och hoppfullhet och inrikta sig på alla olika skäl till att hon borde känna glädje och tacksamhet. Sedan har vi den andra personen. Samma diagnos, men den andra väljer att inrikta sig på sjukdomen, smärtan och "synd om mig".*

**BOB DOYLE**

*När människor är helt och hållet inriktade på vad som är fel och på sina symtom, då vidmakthåller de dem. Läkningen sker inte förrän de riktar uppmärksamheten från att vara sjuk till att vara frisk. Så fungerar lagen om attraktion.*

"Låt oss komma ihåg, så mycket vi kan, att alla otrevliga tankar är något negativt som vi bokstavligen riktar mot vår kropp."

Prentice Mulford

## John Hagelin

*Gladare tankar leder till en lyckligare biokemi. En gladare, lyckligare kropp. Stress och negativa tankar har visat sig ha en allvarlig negativ effekt på kroppens och hjärnans funktion, eftersom det hela tiden är våra tankar och känslor som omorganiserar, omformar och omskapar vår kropp.*

Oavsett vad du har manifesterat i fråga om din fysiska kropp, kan du förändra det – inifrån och ut. Börja tänka glada tankar och börja *vara* lycklig. Lycka är ett känslotillstånd. Du har fingret på knappen för att "känna lycka". Tryck på den nu och håll fingret nere riktigt ordentligt oavsett vad som händer.

## Ben Johnson

*Ta bort all stress från kroppen, och kroppen gör vad den är avsedd att göra. Den läker sig själv.*

Du måste inte kämpa för att bli av med en sjukdom. Bara genom den enkla processen att släppa taget om negativa tankar gör du det möjligt för ditt naturliga tillstånd av hälsa att växa fram inom dig. Och din kropp kommer att läka sig själv.

### Michael Bernard Beckwith

*Jag har sett njurar som har tillfrisknat. Jag har sett cancer lösas upp och försvinna. Jag har sett människors syn förbättras och komma tillbaka.*

Jag hade använt läsglasögon i ungefär tre år innan jag upptäckte Hemligheten. En kväll när jag höll på att spåra Hemlighetens kunskaper bakåt genom historien sträckte jag mig efter glasögonen för att kunna se vad jag läste. Plötsligt slogs jag som av en blixt av vad jag hade gjort.

Jag hade lyssnat på samhällets budskap om att synen försämras med åldern. Jag hade sett människor sträcka på armarna för att kunna läsa. Jag hade gett mina tankar åt att synen försämras med åldern, och jag hade dragit till mig just det. Jag hade inte gjort det medvetet, men jag hade gjort det. Jag visste att det jag hade skapat med mina tankar, det kunde jag också förändra, så jag föreställde mig genast att jag såg lika klart och tydligt som när jag var tjugo år gammal. Jag såg mig själv på mörka restauranger, på flygplan och vid min dator, och att jag kunde läsa utmärkt bra utan ansträngning. Och jag sa och om och om igen: ”Jag kan se klart, jag kan se klart.” Jag kände tacksamhet och upprymdhet över att ha god syn. Efter tre dagar kunde jag se bra igen och nu äger jag inga läsglasögon. *Jag kan se klart.*

När jag berättade för Ben Johnson, en av lärarna i filmen *The Secret*, om vad jag hade gjort sa han till mig: ”Förstår du vad som måste ha hänt med dina ögon när du gjorde det här på bara tre dagar? Jag svarade: "Nej, och tack och lov för det, så att den tanken inte fanns i mitt huvud! Jag bara visste att jag kunde göra det, och att det kunde gå så fort." (Ibland är det bättre att inte ha för mycket information.)

Ben Johnson hade själv lyckats bli frisk från en "obotlig" sjukdom, och därför verkade min återvunna syn som en bagatell i jämförelse med hans egen mirakulösa historia. I själva verket hade jag förväntat mig att min syn skulle komma tillbaka över en enda natt, så tre dagar var inget mirakel i min tankevärld. Kom ihåg att tid och storlek inte existerar i universum. Det är lika lätt att läka en kvissla som det är att läka en sjukdom. Processen är identisk, skillnaden finns bara i våra tankar. Om du har dragit till dig någon form av krämpor eller besvär, förminska dem i ditt sinne till en kvisslas storlek, släpp taget om alla negativa tankar och inrikta dig sedan på perfekt hälsa.

## Ingenting är obotligt

**JOHN DEMARTINI**

*Jag brukar alltid säga att obotlig betyder "går att bota inifrån".*

Jag tror och vet att ingenting är obotligt. Någon gång har det hänt att alla de så kallat obotliga sjukdomarna har blivit botade. I mina tankar, och i den värld jag skapar, finns inte ordet "obotlig". Det finns massor av plats för dig i den här världen, så följ med mig och alla andra som också är här. Det här är den värld där "mirakel" är vardagsmat. Det är en värld som flödar över med fullkomligt välstånd, där *allt* det goda existerar nu, inom dig. Låter som himmelriket, eller hur? Det är det.

### Michael Bernard Beckwith

*Du kan förändra ditt liv och du kan läka dig själv.*

## Morris Goodman

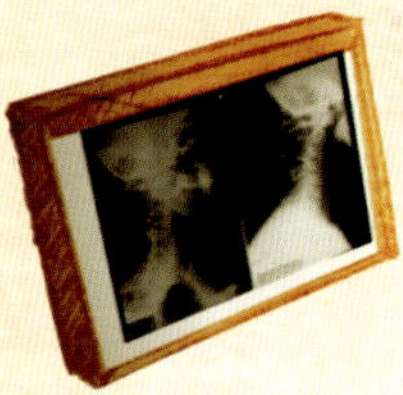

### Författare och föreläsare

*Min historia börjar den 10 mars 1981. Den här dagen förändrade verkligen hela mitt liv. Jag kommer aldrig att glömma den här dagen. Jag störtade med mitt flygplan. Jag hamnade på sjukhus och var helt förlamad. Ryggmärgen var krossad, jag hade brutit första och andra halskotan, sväljreflexen var borta, jag kunde inte äta eller dricka, diafragman var förstörd, jag kunde inte andas. Det enda jag kunde göra var att blinka med ögonen. Läkarna sa naturligtvis att jag skulle förbli ett paket resten av livet och att det enda jag skulle kunna göra var att blinka. Det var den bilden de hade av mig, men det spelade ingen roll vad de trodde. Det viktiga var vad jag tänkte. Jag föreställde mig att jag var normal igen och kunde gå ut från sjukhuset för egen maskin.*

*Det enda jag kunde arbeta med på sjukhuset var mina tankar, och när man har dem kan man göra kroppen hel igen.*

*Jag låg i respirator och de sa att jag aldrig mer skulle kunna andas själv eftersom diafragman var förstörd. Men jag hörde en liten röst som sa till mig: ”Andas djupt, andas djupt." Och till slut kunde jag vänja mig av med respiratorn. Ingen hade någon förklaring på vad som hade hänt. Jag hade inte råd att släppa in några tankar som kunde störa min vision och hindra mig från att nå mitt mål.*

*Jag hade satt upp som mål att kunna gå ut från sjukhuset till jul. Och det gjorde jag. Jag promenerade ut från sjukhuset på mina egna fötter. De sa att det var omöjligt. Den dagen kommer jag aldrig att glömma.*

*För dem som lider och mår dåligt, om jag skulle sammanfatta mitt liv och sammanfatta för människor vad de kan göra i livet, då skulle jag använda mig av sex ord: "Människan blir vad hon tänker på."*

Morris Goodman är känd som Mirakelmannen. Hans berättelse blev utvald att vara med i *The Secret* eftersom den visar på den oerhörda kraft som det mänskliga sinnet besitter. Morris kände till den kraft han hade inom sig att skapa det han valde att tänka på. Allting är möjligt. Morris Goodmans berättelse har inspirerat tusentals människor att tänka sig, föreställa sig och *känna* sig tillbaka till hälsa. Han förvandlade den största utmaningen i sitt liv till den största gåvan.

Sedan filmen *The Secret* släpptes har vi blivit översvämmade med mirakelberättelser om alla möjliga slags sjukdomar som människor har tillfrisknat från efter att ha sett filmen. Allt är möjligt när du tror att det är det.

När det gäller hälsa vill jag avsluta med följande inspirerande ord från Ben Johnson: "Vi går nu in i energimedicinens era. Allting i universum har en frekvens och det enda du behöver göra är att förändra frekvensen eller skapa en motsatt frekvens. Så enkelt är det att förändra vad som helst i världen, vare sig det är en sjukdom eller ett känslomässigt problem eller vad det nu kan vara. Det här är enormt stort. Det är det största vi någonsin har träffat på."

# Hemligheten i sammanfattning

- *Placeboeffekten är ett exempel på lagen om attraktion. När en patient verkligen tror att tabletten kan bota, då får han det han tror på och blir botad.*

- *"Att tänka perfekt hälsa" är något vi alla kan göra inom oss, trots det som kanske sker i det yttre.*

- *Skratt drar till sig glädje, frigör negativitet och leder till mirakulösa tillfrisknanden.*

- *Sjukdomar hålls kvar i kroppen av våra tankar, genom vår observation av sjukdomen och genom den uppmärksamhet vi ger till den. Om du känner dig lite krasslig, prata inte om det – om du inte vill ha mer av det. Om du lyssnar på människor som pratar om sina sjukdomar förstärker du dem i själva verket. Byt i stället samtalsämne och prata om något positivt och upplyftande och se den andra som frisk för ditt inre.*

- *Föreställningen om åldrande finns bara i våra tankar, så släpp taget om alla sådana tankar. Inrikta dig på hälsa och evig ungdom.*

- *Lyssna inte på samhällets budskap om sjukdom och åldrande. Negativa budskap är inte till hjälp för dig.*

INTELLECTUAL
CIVIC

# *Hemligheten med världen*

## Lisa Nichols

*Människor tittar ofta på sånt de vill ha och säger: "Ja, jag tycker om det där." Men så tittar de på sådant de inte tycker om och ger det lika mycket energi, om inte mer, i tron om att de på så sätt kan få det att försvinna. I vårt samhälle har vi nöjt oss med att kämpa emot saker. Att kämpa mot cancer, kämpa mot fattigdom, kämpa mot krig, kämpa mot droger, kämpa mot terrorism, kämpa mot våld. Vi kämpar mot allt som vi inte vill ha, vilket i själva verket skapar ännu mer kamp.*

## Hale Dwoskin

### Lärare och författare

*Vi skapar allt det vi tänker på. Om vi verkligen är upprörda, till exempel över ett krig som pågår, eller på konflikter eller lidande, då förstärker vi det med vår energi. Vi driver på oss själva och det skapar bara motstånd.*

"Det vi gör motstånd mot, det består."

Carl Jung (1875–1961)

**BOB DOYLE**

*Skälet till att det vi gör motstånd mot består är att när man gör motstånd mot något, då säger man i själva verket: "Nej, jag vill inte ha det här, för det får mig att känna mig på det här sättet – så som jag känner mig nu." Det betyder att du sänder ut en riktigt stark känsla som säger: "Jag tycker verkligen inte om den här känslan" och sedan kommer den rusande emot dig.*

Att göra motstånd är ungefär som att försöka förändra de yttre bilderna när de redan har sänts ut. Det ger inget resultat alls. För att skapa nya bilder och upplevelser måste du vända dig inåt och sända ut en ny signal med dina tankar och känslor.

När du gör motstånd mot det som har dykt upp i ditt liv ger du mer kraft och energi åt de bilder som du inte tycker om, vilket gör att du i rasande takt drar till dig fler sådana bilder. Händelsen eller omständigheterna kan då bara bli större, eftersom det är så universums lag fungerar.

**JACK CANFIELD**

*Antikrigsrörelsen skapar mer krig. Antidrogrörelsen har i själva verket skapat fler droger. Det beror på att vi inriktar oss på det vi inte vill ha – droger!*

## Lisa Nichols

*Människor tror att om vi verkligen vill få slut på något, då ska vi koncentrera våra tankar på det. Men hur förnuftigt är det att ge all vår kraft och energi åt ett problem, i stället för att koncentrera oss på tillit, kärlek, välstånd, utbildning eller fred?*

## Jack Canfield

*Moder Teresa var lysande. Hon sa: "Jag kommer aldrig att gå på möten där man protesterar mot krig. Men om du har ett fredsmöte, då vill jag gärna bli bjuden." Hon visste. Hon förstod Hemligheten. Se vad hon manifesterade i världen.*

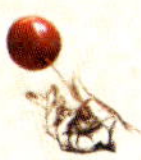

## Hale Dwoskin

*Om du är emot krig, var för fred i stället. Om du är emot hunger, var i stället för att människor ska ha mer än tillräckligt att äta. Om du är emot en särskild politiker, var i stället för hans eller hennes motståndare. Ofta blir det så att val slutar till fördel för den som medborgarna egentligen är emot, eftersom han får all energi och all uppmärksamhet.*

Allting i den här världen börjar med en tanke. Stora händelser blir större eftersom fler människor ger sina tankar till dem. Sedan gör dessa tankar och känslor att precis de här händelserna hålls kvar i vår tillvaro och växer sig större. Om vi slutade tänka på dem och i stället inriktade oss på kärlek, då skulle de inte kunna existera. De skulle gå upp i rök och försvinna.

"Kom ihåg, och det här är ett av de svåraste och mest underbara begreppen att lära sig förstå. Kom ihåg att oavsett vilket slags svårighet det är frågan om, oavsett var den pågår och oavsett vem som påverkas av den, har du ingen annan patient än du själv, du har inget annat att göra än att övertyga dig själv om den sanning som du vill se förverkligad."

*Charles Haanel*

**JACK CANFIELD**

*Det är okej att lägga märke till vad du inte vill ha, eftersom det bildar en kontrast så att du kan säga: "Det här är vad jag vill ha." Men faktum är att ju mer du pratar om det du inte vill ha, eller pratar om hur hemskt det är, ju mer du läser om det och sedan pratar om hur hemskt det är – desto mer skapar du av det.*

Du kan inte hjälpa världen genom att koncentrera dig på det negativa. När du inriktar dig på de negativa händelserna i världen förstärker du inte bara dem, utan skapar samtidigt ännu fler negativa upplevelser i ditt eget liv.

När bilderna av något du inte vill ha har dykt upp i ditt liv är det en signal till dig om att förändra dina tankar och sända ut en ny signal. Om det är fråga om en världspolitisk situation är du inte maktlös. Du har all makt. Koncentrera dig på att se alla människor leva i glädje. Koncentrera dig på ett överflöd av mat. Ge dina kraftfulla tankar till det som behövs. Du har förmågan att ge oerhört mycket till världen genom att signalera känslor av kärlek och välbefinnande, trots det som händer omkring dig.

### James Ray

*Det händer ofta att människor säger till mig: "Men, James, jag måste ju veta vad som pågår i världen." Kanske det, men du måste inte bli alldeles översvämmad av det.*

När jag upptäckte Hemligheten bestämde jag mig för att inte titta på tv-nyheterna eller läsa tidningen längre, eftersom det inte fick mig att må bra. Tidningar och tv-kanaler bör inte alls få skulden för de att de förmedlar dåliga nyheter. Alla vi som är en del av det globala samhället är ansvariga för det. Vi köper fler tidningar när tidningsrubrikerna berättar om stora katastrofer. Nyhetskanalernas tittarsiffror skjuter i höjden i samband med nationella och internationella katastrofer. Tidningarna och tv-nyheterna ger oss alltså mer dåliga nyheter eftersom vi, som samhälle, säger att det är det vi vill ha. Media är effekten, och vi är orsaken. Det är bara lagen om attraktion i praktiken!

Tidningarna och nyhetsprogrammen kommer att förändra vad de förmedlar till oss när vi sänder ut en ny signal och koncentrerar oss på det vi vill ha.

### Michael Bernard Beckwith

*Lär dig att bli stilla och att rikta din uppmärksamhet bort från det du inte vill ha och bort från all den emotionella laddningen omkring det, och att i stället rikta din uppmärksamhet mot det du vill uppleva … Energin strömmar åt samma håll som du riktar din uppmärksamhet.*

> ”Tänk på verkligheten så som den ser ut, så kommer dina tankar att ge näring åt världens hunger.”
>
> Horatio Bonar (1808–1889)

Börjar du kunna se vilken fenomenal makt du har att påverka den här världen, bara genom din blotta existens? När du inriktar dig på det goda mår du bra och för in mer av det goda i världen. Samtidigt drar du också till dig mer av det goda i ditt eget liv. När du mår bra lever du ett upplyftande liv, och du har en upplyftande inverkan på världen!

Lagen är perfektion omsatt i praktiken.

### Dr John Demartini

*Jag säger alltid att när rösten och visionen i ditt inre blir starkare, klarare och mer högljudd än alla yttre åsikter, då har du blivit herre över ditt liv!*

### Lisa Nichols

*Det är inte din uppgift att förändra världen eller människorna omkring dig. Det är din uppgift att följa flödet i universum och att hylla det i den värld som redan existerar.*

Du är herre över ditt eget liv, och universum svarar på alla dina befallningar. Bli inte fångad av de bilder som har dykt upp om de inte är vad du vill ha. Ta ansvar för dem, ta lätt på dem och slå bort dem om du kan, och släpp sedan taget om dem. Tänk sedan nya tankar på vad du vill ha, känn dem och var tacksam för att det redan är så.

# Universum är rikt

### JOE VITALE

*En av de frågor jag ofta får är att om alla använder Hemligheten, om alla använder universum som en postorderkatalog, kommer inte allting då att ta slut? Kommer då inte alla bara att spränga banken?*

### MICHAEL BERNARD BECKWITH

*Det fina med Hemlighetens budskap är att det finns mer än tillräckligt för alla.*

*Det finns en lögn som fungerar som ett virus i mänsklighetens sinne. Den lögnen lyder så här: "Det finns inte tillräckligt till alla. Livet präglas av brister och begränsningar och det finns helt enkelt inte så det räcker." Den här lögnen gör att människor lever i rädsla, girighet och snålhet. Och de här tankarna av rädsla, girighet, snålhet och brist på något blir deras upplevelse. Man kan säga att världen har tagit en mardrömstablett.*

*Sanningen är att det finns tillräckligt för alla av livets goda. Det finns mer än nog av kreativa idéer. Det finns mer än tillräckligt med kraft. Det finns mer än tillräckligt med kärlek. Det finns mer än tillräckligt med glädje. Allt detta börjar framstå tydligt för dem som är medvetna om sinnets obegränsade natur.*

Att tänka att det inte finns tillräckligt är att titta på de yttre bilderna och tro att allting kommer utifrån. När du gör det kommer du med största sannolikhet att se brister och begränsningar. Nu vet du att ingenting manifesteras av yttre orsaker, och att allting först kommer från inre tankar och känslor. Dina tankar besitter kraften att skapa allt det du tänker på. Hur kan det då finnas någon brist? Det är omöjligt. Din förmåga att tänka är obegränsad, och därmed finns det inte heller några gränser för vad du kan tänka fram. Så är det för alla. När du verkligen vet det här, då tänker du utifrån ett sinne som är medvetet om din egen obegränsade natur.

### James Ray

*Alla stora lärare som någonsin har vandrat på vår jord har talat om för oss att livet är menat att levas i välstånd och överflöd.*

> ”Själva kärnan i den här lagen är att du måste tänka överflöd, se överflöd, känna överflöd, tro på överflöd. Låt inga tankar på att det finns några brister och begränsningar komma in i ditt sinne.”
>
> Robert Collier

### John Assaraf

*Just när vi tror att våra resurser håller på att ta slut upptäcker vi nya förmågor som kan åstadkomma detsamma.*

Den sanna historien om ett team i Belize är ett inspirerande exempel på det mänskliga sinnets kraft att frambringa resurser. Cheferna för Belize Natural Energy Limited hade gått en kurs för den mycket ansedde dr Tony Quinn, som har specialiserat sig på humanistisk psykologi. Med dr Quinns träning i tankens kraft var cheferna säkra på att deras mentala bild av Belize som ett framgångsrikt oljeproducerande land skulle gå att uppnå. De tog ett modigt steg framåt genom att borra efter olja i Spanish Lookout, och på ett enda år blev deras dröm och vision verklighet. Belize Natural Energy Limited upptäckte olja av högsta kvalitet i riklig mängd där femtio andra oljeföretag hade misslyckats med att hitta någon. Belize har blivit ett oljeproducerande land på grund av ett fantastiskt team av människor som trodde på sinnets obegränsade kraft.

Ingenting är begränsat – varken resurser eller någonting annat. De är bara begränsade i människors tankar. När vi öppnar oss för den obegränsade kreativa kraften kommer vi att skapa överflöd och se och uppleva en helt ny värld.

**John Demartini**

*När vi säger att det råder en brist, då beror det på att vi inte har öppnat vårt seende och sett allt det som finns omkring oss.*

**Joe Vitale**

*Du vet att när människor börjar leva från hjärtat och går in för att skaffa sig det de verkligen vill ha, då vill de inte ha samma saker. Det är skönheten i det här. Alla vill inte ha en BMW. Alla vill inte ha samma partner. Alla vill inte ha samma upplevelser. Alla vill inte ha samma slags kläder. Alla vill inte ha samma … (fyll i tomrummet).*

Du befinner dig här på den här fantastiska jorden, utrustad med den här fantastiska kraften, för att skapa ditt liv! Det finns inga gränser för vad du kan skapa, eftersom Din förmåga att tänka är obegränsad! Men du kan inte skapa andra människors liv åt dem. Du kan inte tänka åt dem, och om du försöker påtvinga andra dina åsikter kommer du bara att dra till dig samma slags krafter. Låt därför alla andra skapa det liv de vill ha.

**MICHAEL BERNARD BECKWITH**

*Det finns tillräckligt för alla. Om du tror det, om du kan se det, om du handlar utifrån det, då kommer det att bli så i din verklighet. Det är sanningen.*

> "Om du lider brist på något, om du är offer för fattigdom eller sjukdom, då beror det på att du inte tror på eller inte förstår vilken kraft du besitter. Det handlar inte om att universum ska ge till dig. Det ger allting till alla – det finns ingen partiskhet."
>
> Robert Collier

Universum ger *allt* till *alla* människor genom lagen om attraktion. Du har förmågan att välja vad du vill uppleva. Vill du att det ska finnas tillräckligt för dig och för alla andra? Välj då det och kom ihåg: "Det finns rikligt av allt." "I universums källa finns obegränsade resurser." "Det finns så mycket fantastiskt i livet." Var och en av oss har förmågan att få tillgång till de här obegränsade osynliga resurserna genom våra tankar och känslor, och att manifestera dem i vårt liv. Välj det du vill ha, för du är den enda som kan göra det.

## Lisa Nichols

*Allt det du vill ha – glädje, kärlek, välstånd, överflöd, lycka – finns redan där och väntar på att du ska ta tag i det. Du måste bli hungrig på det. Du måste ha en intention. Och när du har en stark avsikt och brinner för det du vill, då kommer universum att ge dig precis allt det som du vill ha. Se allt det vackra och underbara omkring dig och lovorda och välsigna det. Och det som för närvarande inte fungerar så som du vill att det ska fungera, ägna inte kraft åt att klaga eller anmärka. Omfamna allt det du vill ha så att du kan få mer av det.*

Lisas kloka ord, att "lovorda och välsigna" det du har omkring dig, är värda sin vikt i guld. Lovorda och välsigna allting i ditt liv! När du lovordar och välsignar befinner du dig på kärlekens högsta frekvens. I Bibeln använde hebréerna välsignelser för att frambringa hälsa, välstånd och lycka. De kände till välsignandets kraft. Många människor har inte till fullo använt sig av välsignandets starka kraft. I ordboken definieras välsignelse som att "åkalla gudomligt beskydd och skänka välbefinnande eller välstånd", så börja genast att använda välsignelsens kraft i ditt liv och välsigna allt och alla. Likadant är det med beröm och lovord, för när du berömmer någon eller något ger du kärlek, och när du utstrålar kärlekens underbara frekvens kommer den tillbaka till dig hundrafalt.

Beröm och lovord löser upp all negativitet, så beröm och välsigna dina fiender. Om du förbannar dina fiender, då kommer förbannelsen tillbaka till dig och skadar dig. Om du lovordar och välsignar dem kommer du att lösa upp all negativitet och missämja, och kärleken från dina lovord och välsignelser kommer att återvända till dig. När du lovordar och välsignar kommer du att känna att du når en ny frekvens som ger dig feedback i form av goda känslor.

### DENIS WAITLEY

*De flesta politiska ledarna i det förflutna har inte förstått en av de viktigaste aspekterna av Hemligheten, som handlar om att dela med sig och om att stärka andra människor.*

*Det här är den bästa tidpunkten i historien att vara vid liv. Det är första gången någonsin som vi har haft möjlighet att fritt och enkelt tillägna oss kunskap.*

Med den här kunskapen blir du medveten – medveten om sanningen om världen och dig själv. Mina främsta insikter om Hemligheten när det gäller världen i stort har kommit från Robert Collier, Prentice Mulford, Charles Haanel och Michael Bernard Beckwith. Med denna förståelse infann sig en fullständig frihet. Jag hoppas verkligen att du kan nå fram till samma upplevelse av frihet. Om du kan det, då kommer du genom ditt liv och genom kraften i dina tankar att skapa det allra bästa för den här världen och för hela mänsklighetens framtid.

# Hemligheten i sammanfattning

- *Det du gör motstånd mot drar du också till dig, eftersom du koncentrerar dig starkt på det känslomässigt. För att förändra någonting, vad det än är, vänd dig inåt och signalera det nya genom dina tankar och känslor.*

- *Du kan inte hjälpa världen genom att ägna dina tankar åt det negativa. När du riktar din uppmärksamhet på världens negativa händelser förstärker du inte bara dem, utan drar också till dig mer negativitet i ditt liv.*

- *I stället för att koncentrera dig på världens problem, ägna din kraft och uppmärksamhet åt tillit, kärlek, överflöd, utbildning och fred.*

- *Livets goda tar aldrig slut, eftersom det finns mer än tillräckligt för alla. Det är meningen att livet ska vara rikt.*

- *Genom dina tankar och känslor har du förmågan att få tillgång till obegränsade resurser och dra till dig det in i ditt liv.*

- *Lovorda och välsigna allting i världen, så kommer du att lösa upp negativitet och missämja och komma i samklang med den högsta frekvensen – kärlek.*

CEREBRUM
CEREBELLUM

# Hemligheten med Dig

**John Hagelin**

*När vi ser oss omkring, till och med på våra egna kroppar, är det vi ser bara toppen av ett isberg.*

**Bob Proctor**

*Tänk på det här en stund. Titta på din hand. Den ser fast och massiv ut, men det är den egentligen inte. Om du satte den under ett riktigt mikroskop skulle du se en massa bestående av energi som vibrerar.*

**John Assaraf**

*Allting består av exakt samma sak, oavsett om det är din hand, havet eller en stjärna.*

**Ben Johnson**

*Allting är energi, och låt mig hjälpa dig att förstå det lite bättre. Vi har universum, vår galax, vår jord och sedan enskilda människor. I varje människas kropp finns organsystem, celler och sedan molekyler och atomer. Och sedan finns det energi. Det finns många nivåer att tänka på, men allting i universum är energi.*

När jag upptäckte Hemligheten ville jag veta vad man visste inom naturvetenskapen och fysiken om den här kunskapen. Det jag upptäckte var häpnadsväckande. Det mest spännande med att leva i vår tid är att det som sägs inom kvantfysiken och den nya vetenskapen överensstämmer helt och hållet med det som Hemligheten lär ut, och med allt det som de stora mästarna och lärarna har känt till under historiens lopp.

Jag har inte studerat fysik eller naturvetenskap i min utbildning, men när jag läste komplicerade böcker om kvantfysik förstod jag dem ändå perfekt eftersom jag ville förstå dem. Att studera kvantfysiken hjälpte mig att få en djupare förståelse av Hemligheten på ett energiplan. Många människor upplever att deras tro stärks när de ser den perfekta samstämmigheten mellan den kunskap som finns i Hemligheten och den nya vetenskapens teorier.

Låt mig förklara hur det kommer sig att du är som den kraftfullaste tv-masten i hela universum. Enkelt uttryckt kan man säga att all energi har en frekvens. Eftersom du är energi har du också en frekvens, och det som avgör din frekvens vid varje givet tillfälle är det du tänker och känner. Allt det du önskar dig består av energi och vibrerar också med en frekvens. Allting är energi.

Det är det här som är så fantastiskt: När du tänker på det du vill ha och sänder ut den frekvensen, då gör du så att energin i det du vill ha vibrerar med samma frekvens och du drar det till Dig! När du koncentrerar dig på det du vill ha förändrar du vibrationerna hos atomerna i det här föremålet, och du gör så att det dras till Dig. Skälet till att du är som den starkaste tv-masten i universum är att du har fått förmågan att rikta din energi med hjälp av dina tankar och därmed förändra vibrationerna i det du koncentrerar dig på, vilket gör att det magnetiskt dras till dig.

När du tänker på och känner allt det härliga du vill ha, då har du genast ställt in dig på den frekvensen, vilket sedan gör att allt detta börjar dras till dig och manifesteras i ditt liv. Lagen om attraktion säger att människor och företeelser med liknande frekvenser dras till varandra. Du är en energimagnet, vilket betyder att du drar till dig allting genom att förse det du önskar med en elektrisk kraft. Det betyder också att du förser dig själv med en elektrisk kraft som gör att du dras till allt det du vill ha. Alla människor styr över sin egen magnetiseringskraft, eftersom ingen annan än de själva kan tänka eller känna åt dem, eftersom det är tankar och känslor som skapar våra frekvenser.

För nästan hundra år sedan visste Charles Haanel, utan att ha tillgång till det senaste århundradets alla vetenskapliga upptäckter, hur universum fungerar.

> ”Universums medvetande består inte bara av intelligens, det består också av substans, och denna substans är den dragningskraft som för samman elektroner genom lagen om attraktion så att de bildar atomer. Atomerna i sin tur förs samman av samma lag och bildar molekyler. Molekylerna antar en objektiv form och på så sätt finner vi att lagen är den skapande kraften

bakom alla manifestationer, inte bara av atomer utan också av världar, av universum, av allting som vår fantasi kan bilda sig en uppfattning om."

*Charles Haanel*

## Bob Proctor

*Jag bryr mig inte om vilken stad du bor i. Du har tillräckligt mycket kraft i din kropp, tillräckligt mycket potentiell kraft, för att lysa upp hela staden i nästan en hel vecka."*

"Att bli medveten om den här kraften är att bli ett riktigt energiknippe. Universum är källan till denna energi. Det bär tillräckligt mycket kraft för att kunna möta alla situationer i alla människors liv. När den enskilda människans medvetande kommer i kontakt med universums medvetande, då får hon tillgång till universums hela kraft."

*Charles Haanel*

## James Ray

*De flesta människor definierar sig själva genom den här begränsade kroppen, men du är inte en begränsad kropp. Till och med under ett mikroskop är du ett energifält. Vad vi vet om energi är följande: Gå till en kvantfysiker och fråga: "Vad skapar världen?" Och han eller hon kommer att svara: "Energi." Jaha, men beskriv vad energi är. "Energi kan aldrig skapas eller förstöras, den har alltid funnits, allting som någonsin har existerat existerar alltid, det rör sig in i formens värld, genom formen och ut ur formen." Gå till en teolog och fråga: "Vad har skapat universum?" Och han eller hon kommer att säga: "Gud." Jaha, men beskriv vad Gud är. "Gud har alltid funnits, kan aldrig skapas eller förstöras, det enda som någonsin har funnits och någonsin kommer att finnas, rör sig alltid in i formens värld, genom formen och ut ur formen." Du ser, det är samma beskrivning, bara en annan terminologi.*

*Om du tror att du är den här "köttkostymen" som springer omkring, tänk efter en gång till. Du är en andlig varelse! Du är ett energifält som verkar i ett större energifält.*

Hur kan allt det här göra dig till en andlig varelse? För mig är svaret på den frågan en av de mest fantastiska delarna av Hemligheten. Du är energi och energi kan inte skapas eller förstöras. Energi ändrar bara form. Och det betyder Du! Den sanna essensen av det som är Du, den rena energi som är Du, har alltid funnits och kommer alltid att finnas. Du kan inte sluta med att vara.

På en djupare nivå vet du det. Kan du föreställa dig att inte finnas till? Trots allt du har sett och upplevt i ditt liv kan du föreställa dig att inte finnas till? Du kan inte föreställa dig det, för det är omöjligt. Du är evig energi.

## Det enda universella medvetandet

**JOHN HAGELIN**

*Kvantmekaniken bekräftar det. Kvantkosmologin bekräftar det. Att universum i grund och botten uppstår ur tanken och att all den materia vi ser omkring oss bara är kondenserade tankar. I sista hand är vi källan till universum, och när vi förstår den kraften direkt genom vår egen erfarenhet, då kan vi börja utöva vår auktoritet och börja åstadkomma mer och mer. Skapa vad som helst. Vi kan åstadkomma det vi vill inifrån vårt eget medvetande, som i själva verket är en del av det universella medvetande som genomsyrar universum.*

*Beroende på hur vi använder den kraften, positivt eller negativt, är det den sortens kropp vi skapar i fråga om vår hälsa, den sortens miljö vi skapar. Vi är skaparna, inte bara av vårt eget öde, utan också i sista hand av universums öde. Vi är universums skapare. Det finns egentligen inga gränser för människans potential. Det handlar om i vilken grad vi förstår denna djupa dynamik och använder oss av den, i vilken grad vi gör anspråk på den här kraften. Och det har återigen att göra med vilken nivå vi tänker på.*

Några av de främsta lärarna och avatarerna har beskrivit universum på samma sätt som John Hagelin, genom att säga att det enda som existerar är ett enda universellt medvetande, och att det inte finns någon plats där det enda medvetandet inte finns. Det existerar i allt. Det enda medvetandet är all intelligens, all visdom och all perfektion, och det är allt och överallt samtidigt. Om allting är det enda universella medvetandet, och om det existerar överallt, då finns det i Dig också!

Låt mig hjälpa dig att förstå vad det innebär för dig. Det innebär att *alla möjligheter redan existerar.* All kunskap, alla upptäckter och alla uppfinningar som ligger i framtiden, existerar i det universella medvetandet som möjligheter som väntar på att det mänskliga sinnet ska hämta fram dem. Varje skapelse och uppfinning i historien har också hämtats fram från det universella medvetandet, oavsett om personen i fråga har varit medveten om det eller ej.

Hur hämtar man fram idéer från det universella medvetandet? Det gör du genom att vara medveten om det och genom att använda den fantastiska fantasi och föreställningsförmåga som du besitter. Se dig omkring efter behov som väntar på att bli uppfyllda. Leta efter behov och föreställ dig sedan hur de uppfylls. Tänk dig att vi har stora uppfinningar som kan hjälpa oss med det. Du måste inte räkna ut upptäckten eller uppfinningen själv. Det högsta medvetandet innehåller den möjligheten. Det enda du behöver göra är att se slutresultatet framför dig och föreställa dig att du uppfyller behovet, så kommer du att manifestera det. När du ber om det du vill ha, när du känner och tror att du får det, då kommer du att få ta emot det. Det finns obegränsade resurser och idéer som väntar på att du ska göra anspråk på och manifestera dem. Du har allting i din medvetenhet.

> ”Det gudomliga medvetandet är den enda verkligheten.”
>
> Charles Fillmore

**John Assaraf**

*Alla människor hänger samman. Det är bara det att vi inte ser det. Det finns inget "där ute" och inget "här inne". Allting i universum hänger samman. Det är ett enda energifält.*

Hur man än ser på saken blir resultatet ändå detsamma. Vi är Ett. Vi hänger samman, och vi är alla en del av samma energifält, eller det högsta medvetandet, eller den skapande källan. Kalla det var du vill, men vi är alla Ett.

Om du tänker på lagen om attraktion nu, i termer av att vi alla är Ett, då kommer du att se absolut perfektion.

Du kommer att förstå varför dina negativa tankar om någon annan kommer tillbaka till dig och bara kan skada Dig. Vi är alla Ett! Du kan inte bli skadad om du inte kallar till dig det genom att signalera negativa tankar och känslor. Du har fått en fri vilja så att du kan välja, men när du tänker negativa tankar och har negativa känslor, då separerar du dig själv från den enda och från allt gott. Tänk på alla negativa känslor som finns, så kommer du att upptäcka att varenda en av dem har sin grund i rädsla. De kommer från tankar om separation, som gör att du ser dig själv som åtskild från andra.

Konkurrens är ett exempel på separation. När du tänker tankar om konkurrens kommer de från en föreställning om att det råder brist, eftersom tanken om konkurrens förutsätter att det finns begränsade tillgångar. Du förutsätter att det inte finns tillräckligt för alla, så att vi måste tävla och konkurrera för att kunna få något. När du konkurrerar kan du aldrig vinna även om du tror att du har vunnit. När du konkurrerar gör lagen om attraktion att du drar till dig många människor och omständigheter som konkurrerar med dig i alla aspekter av ditt liv, och till slut kommer du att förlora. Vi är alla Ett, så när du konkurrerar, då konkurrerar du mot Dig själv. Du måste lägga alla tankar på konkurrens åt sidan och väcka ditt kreativa sinne. Koncentrera dig bara på dina drömmar och dina visioner, och ta bort all konkurrens ur ekvationen.

Universum är det universella förråd som innehåller allt och som levererar allt. Allting kommer från universum och levereras till dig *genom* människor, omständigheter och händelser, genom lagen om attraktion. Se lagen om attraktion som lagen om tillgång. Det här är den lag som gör det möjligt för dig att hämta det du vill ha från universums oändliga förråd. När du sänder ut den perfekta frekvensen för det du vill ha kommer de perfekta människorna, omständigheterna och händelserna att dras till dig och levereras till dig!

Det är inte människor som ger dig vad du önskar. Om du har den falska föreställningen kommer du att uppleva brist på det, eftersom du ser den yttre världen och människor som källan till det du vill ha. Den sanna källan är det osynliga fältet, vare sig du kallar det universum, det högsta medvetandet, Gud, den oändliga intelligensen eller något annat. När du får något, kom ihåg att du har dragit det till dig genom lagen om attraktion, och genom att vara på samma frekvens som och i harmoni med universums källa. Den universella intelligensen som genomsyrar allting har påverkat människor, omständigheter och händelser för att ge det här till dig, för sådan är lagen.

**LISA NICHOLS**

*Vi blir ofta distraherade av det här som vi kallar för vår kropp och vår fysiska varelse. Den är bara en form som innehåller din ande. Och din ande är så stor att den kan fylla ett helt rum. Du är evigt liv. Du är Gud manifesterad i mänsklig form, gjord till fulländning.*

### Michael Bernard Beckwith

*Enligt Bibeln kan vi säga att vi är en avbild av Gud. Vi skulle kunna säga att vi är ett annat sätt på vilket universum blir medvetet om sig självt. Vi skulle kunna säga att vi är det oändliga fält av möjligheter som ständigt uppenbaras. Allt detta skulle vara sant.*

> "Nittionio procent av den du är, är osynlig och oberörbar."
>
> R. Buckminster Fuller (1895–1983)

Du är Gud i en fysisk kropp. Du är ande i mänsklig form. Du är det eviga livet som uttrycker sig självt som Du. Du är en kosmisk varelse. Du är all kraft. Du är all visdom. Du är all intelligens. Du är perfektion. Du är storslagenhet. Du är skaparen, och du skapar den skapelse som är Du på den här jorden.

### James Ray

*Alla de religiösa traditionerna säger att du är skapad till den skapande källans avbild. Det betyder att du har Gudspotential och makt att skapa din värld, och det gör du också.*

*Kanske har du hittills skapat sådant som är underbart och värdigt dig, och kanske inte. Den fråga jag ber dig att fundera över är: "Är det resultat du har i ditt liv det du verkligen vill ha? Och är det värdigt dig?" Om inte, är det nog dags att ändra på det? För du besitter makten att göra det.*

"All kraft kommer inifrån och står därför under vår kontroll."

Robert Collier

# Du är inte ditt förflutna

**JACK CANFIELD**

*Många människor känner sig som offer i sina liv, och de pekar ofta på tidigare händelser, till exempel att de har vuxit upp med en förälder som har behandlat dem illa eller i en dysfunktionell familj. De flesta psykologer anser att omkring 85 procent av alla familjer är dysfunktionella, och då blir du plötsligt inte så unik längre.*

*Mina föräldrar var alkoholister. Min pappa slog mig. Min mamma skilde sig från honom när jag var sex år gammal … jag menar, det är nästan vad alla berättar i en eller annan form. Den verkliga frågan är, vad ska du göra nu? Vad väljer du nu? För du kan antingen fortsätta att lägga din kraft och uppmärksamhet på det, eller också kan du inrikta dig på det du vill ha i ditt liv. När människor börjar koncentrera sig på det de vill ha, då faller allt det som de inte vill ha bort. Det de vill ha expanderar och det andra försvinner.*

”En person som riktar sin uppmärksamhet mot livets mörka sida, som om och om igen lever sig igenom det förflutnas olyckor och besvikelser, ber i själva verket om fler liknande olyckor och besvikelser i framtiden. Om du inte ser något annat än olyckliga händelser i framtiden, då ber du om det och kommer med största säkerhet också att få det.”

Prentice Mulford

Om du tänker tillbaka på ditt liv och koncentrerar dig på svårigheterna i det förflutna, då drar du till Dig ännu fler svåra omständigheter här och nu. Släpp taget om alltsammans, oavsett vad det är. Gör det för din egen skull. Om du går och bär på gammalt groll eller lägger skulden på någon för det som har hänt i det förflutna, då skadar du bara Dig själv. Du är den enda som kan skapa det liv du förtjänar. När du avsiktligt koncentrerar dig på det du vill ha, när du börjar utstråla goda känslor, då kommer lagen om attraktion att svara på det. Det enda du behöver göra är att börja, och när du gör det kommer magiska händelser att uppstå i ditt liv.

**LISA NICHOLS**

*Det är du som utformar ditt eget öde. Du är författaren. Du skriver handlingen. Pennan är i din hand och resultatet blir precis det som du väljer.*

**MICHAEL BERNARD BECKWITH**

*Det fina med lagen om attraktion är att du kan börja där*

*du är, och du kan börja tänka "verkliga tankar", och du kan börja skapa en känsla inom dig av glädje och harmoni. Lagen kommer att börja svara på det.*

### JOE VITALE

*Nu börjar du tillägna dig olika föreställningar som: "Det finns mer än tillräckligt i universum." Eller också kanske du har en föreställning som säger: "Jag blir inte äldre, jag blir yngre." Vi kan skapa vårt liv som vi vill ha det genom att använda oss av lagen om attraktion.*

### MICHAEL BERNARD BECKWITH

*Du kan bryta dig loss från dina nedärvda mönster, din kulturella prägling och samhällets föreställningar och bevisa en gång för alla att den kraft du har inom dig är större än kraften ute i världen.*

### FRED ALAN WOLF

*Du kanske tänker: "Jaha, det låter ju bra, men jag kan inte göra det." Eller: "Det får jag inte för henne!" Eller "Det får jag aldrig för honom." Eller "Jag har inte tillräckligt med pengar för att kunna göra det." Eller: "Jag är inte tillräckligt stark för att klara av det." Eller: "Jag är inte tillräckligt rik för det." Eller: "Jag är inte, jag är inte, jag är inte, jag är inte."*

*Vartenda "jag är inte" är en skapelse!*

Det är en god idé att bli medveten om när du säger: "Jag är inte" och att tänka på vad du skapar när du säger det. En stark insikt som Fred Alan Wolf berättar om har också dokumenterats av alla de stora lärarna som den kraft som ligger i orden Jag är. När du säger: "Jag är" besitter de ord som följer efter "Jag är" en mycket stark skapande kraft i ditt liv, eftersom du på det här sättet deklarerar ett faktum. Du säger det med visshet. Genast efter det att du har sagt: "Jag är trött" eller "Jag är pank" eller "Jag är sjuk" eller "Jag är försenad" eller "Jag är överviktig" eller "Jag är gammal" säger anden, precis som i sagan om Aladdin: "Din önskan är min lag."

Nu när du vet det, vore det inte en bra idé att börja använda de här två orden som besitter allra största kraft, nämligen *jag är*, till din fördel? Vad sägs om "Jag är mottagare av allt det goda i livet. Jag är lycklig. Jag är rik. Jag är frisk. Jag är kärlek. Jag är alltid punktlig. Jag är evig ungdom. Jag är full av energi varenda dag."

I sin bok *The Master Key System* påstår Charles Haanel att det finns en affirmation som innefattar precis allt det som en människa kan önska sig, och att den affirmationen åstadkommer harmoniska omständigheter i allt. Han tillägger: "Skälet till det är att den här affirmationen är i exakt överensstämmelse med sanningen, och när sanningen framträder måste alla former av felaktigheter och disharmonier med nödvändighet försvinna."

Affirmationen lyder så här: "Jag är hel, perfekt, stark, kraftfull, kärleksfull, harmonisk och lycklig."

Det kan låta som hårt arbete att dra till dig det du vill ha från det osynliga och få ut det i det synliga, men pröva den här genvägen: se det du vill ha som ett absolut *faktum*. Det kommer att göra så att det du vill ha manifesteras med ljusets hastighet. I samma sekund som du ber om det du vill ha är det ett *faktum* i det universella andliga fältet, och det fältet är det enda som existerar. När du formulerar en idé i dina tankar, kom ihåg att den är ett *faktum*, att det inte kan råda några som helst tvivel om att den kommer att manifesteras.

> ”Det finns inga gränser för vad den här lagen kan göra för dig: våga tro på ditt eget ideal, tänk på ditt ideal som ett redan verkställt faktum.”
>
> Charles Haanel

När Henry Ford började gå ut med sin vision om motorfordon möttes han av förlöjligande av sin omgivning. Människor trodde att han hade blivit galen som ägnade sig åt att förverkliga en sådan ”vanvettig” vision. Henry Ford visste mycket mer än de människor som förlöjligade honom. Han hade kunskapen om Hemligheten och han kände till universums lag.

> ”Oavsett om du tror att du kan eller inte kan, så får du rätt.”
>
> Henry Ford (1863–1947)

Tror du att du kan? Du kan åstadkomma precis vad du vill med den här kunskapen. I det förflutna kanske du har underskattat hur genialisk du är. Men nu vet du att du är det universella medvetandet och att du kan hämta vad du vill från detta enda högsta medvetande. Alla uppfinningar, all inspiration, alla svar, allting. Du kan göra precis vad du vill. Du är ett geni som går utanpå alla beskrivningar, så börja säga det till dig själv och bli medveten om vem du i själva verket är.

**MICHAEL BERNARD BECKWITH**

*Finns det några begränsningar i det här? Absolut inte. Vi är obegränsade varelser. Vi har inget tak. De förmågor och talanger, den kraft och de gåvor som finns i varje individ på vår jord, är obegränsade.*

## Var medveten om dina tankar

All din kraft ligger i din medvetenhet om denna kraft, och genom att *hålla* den kraften i din medvetenhet.

Ditt sinne kan vara som ett skenande tåg om du tillåter det. Det kan leda dig in dig på tankar om det förflutna och sedan vidare till tankar på framtiden genom att ta tidigare negativa händelser och projicera ut dem i din framtid. Sådana här okontrollerade tankar skapar också resultat. När du är medveten, då är du i nuet och du vet vad du tänker. Du har tagit kontrollen över dina tankar, och det är där som all din makt ligger.

Hur kan du då bli mer medveten? Ett sätt är att stanna upp och fråga dig själv: ”Vad tänker jag nu? Vad känner jag nu?” I samma ögonblick som du frågar blir du medveten, eftersom du har lett din uppmärksamhet tillbaka till nuet.

Närhelst du kommer att tänka på det, led dig själv tillbaka till medvetenheten om nuet. Gör det hundratals gånger varje dag, för kom ihåg att all din kraft finns i din medvetenhet om din kraft. Michael Bernard Beckwith sammanfattar medvetenheten om denna kraft när han säger: "Kom ihåg att komma ihåg!" De här orden har blivit ledmotivet i mitt liv.

För att hjälpa mig själv att bli mer medveten, så att jag skulle *komma ihåg att komma ihåg*, bad jag universum att ge mig en *försiktig* knuff för att leda mig tillbaka till nuet när mitt sinne och mina tankar hade tagit över och "festade" på min bekostnad. Den här försiktiga knuffen sker när jag stöter emot något eller tappar saker, genom ett högt oljud eller en siren eller larmsignal som börjar tjuta. Alla dessa exempel är signaler som talar om att mitt sinne har tagit över och att jag behöver återvända till nuet. När jag får sådana signaler stannar jag genast upp och frågar mig själv: "Vad tänker jag på? Vad känner jag? Är jag medveten?" Och i samma ögonblick som jag gör det blir jag naturligtvis medveten. I samma ögonblick som du frågar dig själv om du är medveten, då är du det. Du är medveten.

> "Den verkliga hemligheten med att ha tillgång till sin kraft är att vara medveten om den."
>
> Charles Haanel

När du blir medveten om den kraft som finns i Hemligheten och börjar använda dig av den, kommer alla dina frågor att bli besvarade. När du börjar få en djupare förståelse för lagen om attraktion kan du börja göra det till en vana att ställa frågor, och när du gör det kommer du att få svar på var och en av dem. Du kan börja med att använda den här boken för just det syftet. Om du söker svar eller vägledning om någonting i ditt liv, ställ en fråga, tro att du kommer att få ett svar, och öppna sedan den här boken på måfå. Precis där sidorna öppnas, där kommer du att finna den vägledning och det svar som du söker.

Sanningen är att universum har svarat dig hela livet, men att du inte kan ta emot svaren om du inte är medveten. Var medveten om allting omkring dig, för du får svar på dina frågor varje dag och varje ögonblick. Det finns inga begränsningar för hur svaren kan komma till dig. De kan komma i form av en tidningsrubrik som fångar din uppmärksamhet, eller när du hör någon prata, eller i en sång på radion, en skylt på en lastbil som kör förbi, eller genom en plötslig inspiration eller ingivelse. *Kom ihåg att komma ihåg*, och bli medveten!

Jag har upptäckt för mig själv och hos andra att vi inte tänker väl om oss själva och inte älskar oss själva helt och hållet. Om vi inte älskar oss själva kan det hindra oss från att ta emot det vi önskar oss. När vi inte älskar oss själva är det så att vi bokstavligen skjuter det ifrån oss.

Allt vi vill ha, vad det än kan vara, motiveras av kärlek. Det är att uppleva känslan av kärlek i att ha allt det där – ungdom, pengar, drömjobbet, den perfekta partnern, kroppen och hälsan. För att dra till oss det vi älskar måste vi sända ut kärlek, då infinner sig genast kärlek i vårt liv.

Haken är att du måste älska dig själv för att kunna sända ut den högsta frekvensen av kärlek, och det kan vara svårt för många. Om du bara inriktar dig på utsidan och på det du har för handen i dag, kan det hända att du sätter krokben för dig själv, eftersom det du ser hos och känner för dig själv just nu är ett resultat av det förflutnas tankar. Om du inte älskar dig själv, är det troligt att den bild du har av dig själv är full av fel och brister.

För att kunna älska dig själv helt och hållet måste du få syn på en ny dimension av Dig. Du måste inrikta dig på närvaron inom dig. Ta paus en liten stund och sitt i stillhet. Koncentrera dig på att känna närvaron inom Dig. När du koncentrerar dig på närvaron inom dig kommer den att börja uppenbara sig för Dig. Den är en känsla av ren kärlek och lycka, och den är perfekt och fullkomlig. Den här närvaron är den fullkomlighet som Du är. Den här närvaron är det sanna Du. När du koncentrerar dig på närvaron, när du känner, älskar och hyllar den här närvaron, då kommer du att älska dig själv helt och fullt, kanske för första gången i ditt liv.

Varje gång du ser på dig själv med kritiska ögon, byt genast fokus till närvaron inom dig, så kommer dess perfektion att uppenbaras för dig. När du gör det kommer alla brister som har manifesterats i ditt liv att lösas upp, eftersom dessa brister och ofullkomligheter inte kan existera i ljuset av din inre närvaro. Oavsett om du vill återfå din perfekta syn, lösa upp en sjukdom och återfå ditt välbefinnande, förvandla fattigdom till överflöd, upphäva åldrande och nedbrytning, eller göra dig av med någon form av negativitet, koncentrera dig på och älska närvaron inom dig, så kommer perfektionen att manifesteras i ditt liv.

> ”Den absoluta sanningen är att det inre ”jaget”
> är perfekt och fullkomligt. Det verkliga ”jaget”
> är andligt och kan därför aldrig vara mindre
> än perfekt, det kan aldrig ha någon brist,
> begränsning eller sjukdom.”
>
> *Charles Haanel*

# Hemligheten i sammanfattning

- *Allting är energi. Du är en energimagnet, vilket betyder att du genom att förse det du vill ha med en elektrisk laddning drar det till dig, och att du drar till dig det genom att förse dig själv med en elektrisk laddning.*

- *Du är en andlig varelse. Du är energi och energi kan inte skapas eller förstöras – den bara förändras till sin form. Därför har själva den rena kärnan i dig alltid funnits och kommer alltid att finnas.*

- *Universum uppstår ur tanken. Vi är skapare, inte bara av vårt eget öde utan också av universum.*

- *Du har tillgång till en obegränsad mängd idéer. All kunskap, alla upptäckter och alla uppfinningar finns i det universella medvetandet i form av möjligheter som väntar på att människors tankar ska dra dem ner till jorden. Du håller allting i din medvetenhet.*

- *Vi hänger alla samman, och vi är alla Ett.*

- *Släpp alla svårigheter från den förflutna, alla kulturellt betingade regler och föreställningar. Du är den enda som kan skapa det liv du förtjänar.*

- *En genväg till att manifestera dina önskningar är att se det du vill ha som ett absolut faktum.*

- *Din kraft ligger i dina tankar, så var medveten. Med andra ord: "Kom ihåg att komma ihåg."*

# Hemligheten med livet

## Neale Donald Walsch

### Författare, föreläsare och andlig budbärare

*Det finns inga hemliga rullor där Gud har skrivit in ditt syfte, din mission i livet. Ingenstans står det: "Neale Donald Walsch. Snygg kille som levde under första delen av det tjugoförsta århundradet, som … " Och så för att verkligen förstå vad jag gör här, varför jag är här, så skulle jag bara behöva hitta de där hemliga rullorna för att få reda på vad Gud egentligen har för plan för min räkning. Men det är bara det att de inte existerar.*

*Ditt syfte med livet är vad du säger att det är. Din mission är den mission som du ger dig själv. Ditt liv kommer att vara det du gör det till, och ingen kommer att sätta sig till doms över det, varken nu eller senare.*

Du får fylla den svarta tavlan i ditt liv med precis vad du vill. Om du har fyllt den med bagage från det förflutna, sudda tavlan ren. Radera allting från det förflutna som inte stärker dig, och var tacksam för att det har lett dig dit där du är i dag och till en ny början i ditt liv. Du kan dra ett streck över det förflutna och börja ett nytt liv – precis här, precis nu. Hitta din glädje och lev den!

### JACK CANFIELD

*Det tog många år innan jag kom till den här punkten, eftersom jag växte upp med en föreställning om att det fanns något som jag borde göra, och om jag inte gjorde det skulle Gud inte vara nöjd med mig.*

När jag verkligen förstod att mitt främsta syfte var att känna och uppleva glädje, då började jag göra bara det som skänkte mig glädje. Jag har ett talesätt: ”Om det inte är kul, gör det inte!”

### NEALE DONALD WALSCH

*Glädje, kärlek, frihet, lycka, skratt. Det är vad det är. Om du bara upplever glädje när du sitter och mediterar i en timme, för hela friden, gör det. Om du upplever glädje när du äter en salamismörgås, gör då det!*

### JACK CANFIELD

*När jag klappar min katt befinner jag mig i ett tillstånd av glädje. När jag promenerar i naturen befinner jag mig i ett tillstånd av glädje. Jag vill ständigt försätta mig i det tillståndet, och när jag gör det, då är det enda jag behöver göra att forma en intention om vad jag vill så kommer det att manifesteras.*

Gör det du älskar och som skänker dig glädje. Om du inte vet vad som ger dig glädje, fråga dig själv: "Vad är min glädje?" När du finner den och ger dig hän åt den, åt glädjen, då kommer lagen om attraktion att överösa dig med en störtskur av omständigheter, människor, händelser och möjligheter som för med sig glädje i ditt liv, bara därför att du utstrålar glädje.

**JOHN HAGELIN**

*Inre lycka och glädje är i själva verket grunden för framgång.*

Var lycklig *nu*. Må bra nu. Det är det enda du behöver göra. Om det är det enda du får ut av att läsa den här boken, då har du fått den allra största delen av Hemligheten.

**JOHN GRAY**

*Allt som får dig att må bra kommer alltid att göra så att du drar till dig mer av det som får dig att må bra.*

*Du läser den här boken just nu. Det är du som har dragit till dig den i ditt liv, och det är du som väljer om du vill använda dig av det som står i den, om det känns bra. Om det inte känns bra, släpp det då. Hitta något som känns bra, som stämmer för dig, som får ditt hjärta att sjunga.*

Du har fått tillgång till kunskapen om Hemligheten, och vad du gör med den är helt och hållet i dina händer. Vad du än väljer för

Dig är rätt. Oavsett om du väljer att använda den eller att inte använda den, är det du som väljer. Du besitter friheten att välja.

> "Följ din lycka och universum kommer att öppna dörrar för dig där det tidigare bara fanns murar."
>
> Joseph Campbell

### LISA NICHOLS

*När du följer din lycka lever du i ett ständigt tillstånd av glädje. Du öppnar dig för universums överflöd. Du är ivrig att dela ditt liv med dem du älskar, och din iver och glädje, din passion och din lycka, blir smittsamma.*

### JOE VITALE

*Det är vad jag gör nästan hela tiden – följer min iver, min passion, min entusiasm – och jag gör det hela dagarna.*

### BOB PROCTOR

*Njut av livet, för det är fantastiskt! Det är en storslagen resa!*

### MARIE DIAMOND

*Du kommer att leva i en annan verklighet, ett annat liv. Och människor kommer att titta på dig och säga: "Vad är det du gör som inte jag gör?" Jo, det enda som är annorlunda är att du använder dig av Hemligheten.*

### Morris Goodman

*Plötsligt kan du göra och ha och vara det som människor en gång sa var omöjligt för dig att göra, ha och vara.*

### Fred Alan Wolf

*Vi håller just nu på att gå in i en ny era. Det är den era då vi inte bryter ny mark på jorden eller ens i rymden, så som man skulle säga i "Star Trek", utan i vårt eget medvetande.*

### John Hagelin

*Jag ser en framtid med obegränsad potential och obegränsade möjligheter. Kom ihåg att vi, i bästa fall, använder 5 procent av det mänskliga sinnets potential. Etthundra procent av den mänskliga potentialen är ett resultat av rätt utbildning. Föreställ dig en värld där människor använder sin fulla mentala och emotionella potential. Vi skulle kunna nå vart som helst. Vi skulle kunna göra vad som helst. Uppnå vad som helst.*

Den här tidpunkten på vår underbara jord är den mest spännande i historien. Vi kommer att få se och uppleva att det omöjliga blir möjligt, på livets alla områden. När vi släpper taget om alla tankar på begränsning och vet att vi är obegränsade kommer vi att få uppleva mänsklighetens obegränsade storslagenhet, som kommer till uttryck genom idrott, hälsa, konst, teknik, vetenskap och alla områden där människor utövar sitt kreativa skapande.

# Omfamna din storslagenhet

**BOB PROCTOR**

*Se dig själv med det goda du önskar dig. Alla religiösa böcker säger det till oss, alla stora böcker om filosofi, alla framstående ledare, alla avatarer som någonsin har levat. Gå tillbaka och studera de visa. Många av dem har presenterats för dig i den här boken. De förstod alla en sak. De förstod Hemligheten. Nu förstår du den. Och ju mer du använder den, desto mer kommer du att förstå den.*

Hemligheten finns inom dig. Ju mer du använder dig av kraften inom dig desto mer kommer du att dra den till dig. Du kommer att nå till en punkt där du inte behöver öva mer eftersom du kommer att vara kraften, du kommer att vara perfektionen, du kommer att vara visdomen, du kommer att vara intelligensen, du kommer att vara kärleken, du kommer att vara glädjen.

**LISA NICHOLS**

*Du har kommit till det här vägskälet i ditt liv, enbart för att någonting inom dig hela tiden har framhållit: "Du förtjänar att vara lycklig." Du föddes för att ge någonting, för att ge något värdefullt till den här världen. Att bara vara något, större och bättre än du var i går.*

*Varenda liten sak du har gått igenom, vartenda ögonblick du har genomlevt, allt det har förberett dig på det här ögonblicket just nu. Föreställ dig vad du kan göra från den här dagen och framåt med det du vet nu. Nu förstår du att du är den som skapar ditt eget öde. Hur mycket mer kan du göra? Hur mycket mer kan du vara? Hur många fler människor kan du välsigna, bara genom din blotta närvaro? Vad kommer du att göra med det här ögonblicket? Hur kommer du att fånga ögonblicket? Ingen annan kan dansa din dans, ingen annan kan sjunga din sång, ingen annan kan skriva din historia. Den du är, det du gör, det börjar här och nu!*

### Michael Bernard Beckwith

*Jag är säker på att du är en fantastisk person, att det finns något storslaget hos dig. Oavsett vad som har hänt i ditt liv. Oavsett hur ung eller gammal du tror att du är. I samma ögonblick som du börjar "tänka rätt" kommer detta något inom dig, denna kraft inom dig som är större än hela världen, att börja framträda. Den kommer att ta över ditt liv. Den kommer att ge dig näring. Den kommer att hålla dig med kläder. Den kommer att vägleda dig, skydda dig, instruera dig, upprätthålla själva din existens. Om du tillåter det. Det är vad jag vet, vad jag är helt säker på.*

Jorden snurrar runt sin omloppsbana för Dig. Oceanerna stiger och sjunker i ebb och flod för Dig. Fåglarna sjunger för Dig. Solen stiger upp och går ner för Dig. Stjärnorna gnistrar för Dig. Allt det vackra du ser, allt det underbara du upplever, alltsammans finns där för Dig. Se dig omkring. Ingenting kan existera utan Dig. Oavsett vem du har trott att du var, nu vet du sanningen om vem du verkligen är. Du är herre över ditt universum. Du är arvtagare till kungariket. Du är livets fullkomlighet. Och nu har du kunskap om Hemligheten.

Må glädjen vara med dig!

> ”Hemligheten är svaret på allt som har varit, allt som är och allt som någonsin kommer att vara.”
>
> *Ralph Waldo Emerson*

# Hemligheten i sammanfattning

- *Du får fylla ditt livs svarta tavla med precis vad du vill.*

- *Det enda du behöver göra är att må bra nu.*

- *Ju mer du använder kraften inom dig, desto mer kraft kommer du att dra till dig.*

- *Omfamna din storslagenhet här och nu.*

- *Vi befinner oss mitt uppe i en fantastiskt spännande tidsålder. När vi släpper taget om begränsande tankar kommer vi att få uppleva mänsklighetens sanna storslagenhet på skapelsens alla områden.*

- *Gör det du älskar att göra. Om du inte känner vad som ger dig glädje, fråga: "Var finns min glädje?" När du hänger dig åt din glädje kommer du att dra till dig en störtflod av allt glädjefyllt, därför att du utstrålar glädje.*

- *Nu när du har lärt dig kunskapen om Hemligheten, är vad du gör med den helt och hållet ditt eget val. Det du väljer är rätt. Kraften är helt och hållet din.*

# Författarens tack

Jag vill ge mitt allra djupaste tack till alla de människor som jag har fått förmånen att möta och som har inspirerat, berört och upplyst mig genom sin närvaro.

Jag vill också uttrycka min tacksamhet till följande människor för deras fantastiska stöd och bidrag till min resa och till skapandet av den här boken:

För att ni så generöst har delat med er av er visdom, kärlek och gudomlighet vill jag tacka alla medförfattarna till *The Secret:* John Assaraf, Michael Bernard Beckwith, Lee Browner, Jack Canfield, John Demartini, Marie Diamond, Mike Dooley, Bob Doyle, Hale Dwoskin, Morris Goodman, John Gray, John Hagelin, Bill Harris, Ben Johnson, Loral Langemeier, Lisa Nichols, Bob Proctor, James Ray, David Schirmer, Marci Shimoff, Joe Vitale, Denis Waitley, Neale Donald Walsch och Fred Alan Wolf.

Alla de underbara människor som ingår i produktionsteamet för *The Secret*: Paul Harrington, Glenda Bell, Skye Byrne och Nic George. Och Drew Heriot, Daniel Kerr, Damian Corboy och alla som reste runt med oss när vi filmade *The Secret*.

Gozer Media, som har gjort den enastående grafiken och för att ni har ingjutit den med en känsla för Hemligheten: James

Armstrong, Shamus Hoare och Andy Lewis.

Vår vd för *The Secret*, Bob Rainone, som kom som sänd direkt från himlen.

Michael Gardiner och teamet av juridiska rådgivare i Australien och USA.

Teamet som ansvarar för hemsidan för *The Secret*: Dan Hollings, John Herren och alla på Powerful Intentions som sköter The Secret Forum, och naturligtvis alla underbara människor som skriver i forumet.

De stora avatarerna och mästarna från det förflutna, vars skrifter väckte en brinnande längtan i mig. Jag har vandrat i skuggan av deras storhet och jag hedrar och högaktar dem alla. Ett särskilt tack till Robert Collier och Robert Collier Publications, Wallace Wattles, Charles Haanel, Joseph Campbell och The Joseph Campbell Foundation, Prentice Mulford, Genevieve Behrend och Charles Fillmore.

Till Richard Cohn och Cynthia Black från Beyond Words, och till Judith Curr från Simon & Schuster för att de öppnade sitt hjärta och omfamnade Hemligheten. För sin redigering: Henry Covi och Julie Steigerwaldt.

För att de så generöst har delat med sig av sina berättelser: Cathy Goodman, Susan och Colin Sloate, Susan Morrice, chef för Belize Natural Energy, Jeannie MacKay och Joe Sugarman.

För sin inspirerande undervisning: dr Robert Anthony, Jerry och Esther Hicks och Abrahams undervisning, David Cameron Gikandi, John Harricharan, Catherine Ponder, Gay och Katie Hendricks, Stephen MR Covey, Eckhart Tolle och Debbie Ford. För deras generösa stöd: Chris och Janet Attwood, Marcia Martin, medlemmarna i The Transformational Leaders Council, The

Spiritual Cinema Circle, personalen på Agape Spiritual Center samt all personal hos de lärare som medverkar i *The Secret*.

Mina underbara vänner för deras kärlek och stöd: Marcy Koltun-Crilley, Margaret Rainone, Athena Golianis och John Walker, Elaine Bate, Andrea Keir och Maichael och Kendra Abay. Och min fantastiska familj: Peter Byrne, mina väldigt speciella systrar: Jan Child för hennes ovärderliga hjälp med den här boken, Pauline Vernon, Kaye Izon (avliden) och Glenda Bell, som alltid finns vid min sida och vars kärlek och stöd inte känner några gränser. Min modiga och underbara mamma, Irene Izon, och till minne av min pappa, Ronald Izon, vars ljus och kärlek fortfarande strålar i våra liv.

Och slutligen till mina döttrar, Hayley och Skye Byrne. Till Hayley som är ansvarig för pånyttfödelsen av mitt liv och min pågående upptäcktsresa, och till Skye, som följde i mina fotspår för att skapa den här boken och som på ett lysande sätt har redigerat och omvandlat mina ord. Mina döttrar är mitt livs mest dyrbara juveler och genom sin blotta existens skänker de ljus och kraft åt varje andetag jag tar.

# *Biografier*

## John Assaraf

Som pojke höll John Assaraf mest till på gatorna, men nu är han en internationellt framgångsrik författare, föreläsare och affärsrådgivare. Han arbetar hängivet för att hjälpa entreprenörer skapa större välstånd och samtidigt leva ett fantastiskt liv. John har ägnat de senaste tjugofem åren åt att studera affärsstrategier, kvantfysik och den mänskliga hjärnan i syfte att hitta vägar till framgång både i livet och affärslivet. Genom att tillämpa det han har lärt sig har John byggt upp fyra mångmiljonföretag från grunden, och nu delar han med sig av sina unika affärsbyggande och pengainbringande idéer till entreprenörer och småföretagare över hela världen. För mer information, besök www.onecoach.com

## Michael Bernard Beckwith

Michael Bernard Beckwith är en andlig lärare som har gått bortom de traditionella religiösa ramarna och allianserna för att utveckla en ny andlighet. 1986 grundade han Agape International Spiritual Center, som nu har fler än 10 000 medlemmar och hundratusentals vänner och anslutna över hela världen. Michael Bernard Beckwith ingår i internationella kommittéer med andliga ledare såsom Hans Helighet Dalai Lama, dr A. T. Ariyaratne, grundare till Sarvodaya, samt Arun Gandhi, sonson till Mohandas K. Gandhi. Han är en av grundarna till Association for Global New Thought, vars årliga konferens sammanför forskare, ekonomer, artister och andliga ledare som går i täten för mänsklighetens utveckling till att nå sin högsta potential.

Michael Bernard Beckwith lär ut meditation och vetenskaplig bön, håller kurser och talar vid konferenser och seminarier. Han är upphovsmannen till Life Visioning-processen och författare till *Inspiration of the Heart, 40 Day Mind Fast Soul Feast* och *A Manifesto of Peace*. Besök gärna www.agapelive.com för mer information.

## GENEVIEVE BEHREND (1881–1960)

Genevieve Behrend studerade för den store Thomas Troward, en av de tidiga lärarna inom andlig metafysik och författare till boken *Mental Science*. Thomas Troward valde ut Behrend som sin enda elev, och hon fortsatte sedan att utöva och undervisa och föreläsa om "mental vetenskap" i Nordamerika i trettiofem år. Hon skrev också två mycket populära böcker: *Your Invisible Power* och *Attaining Your Heart's Desire.*

## Lee Brower

Lee Brower är grundare, styrelseordförande och vd för Empowered Wealth, en internationell konsultfirma som erbjuder företag, stiftelser, familjer och individer system och lösningar för att stärka deras inre kärna, upplevelse och skapande samt deras ekonomiska tillgångar. Han är också grundare till The Quadrant Living Experience, LLC, ett företag som utbildar och licensierar ett internationellt nätverk av rådgivare i Quadrant Living. Lee är medförfattare till Wealth Enhancement and Preservation och författare till The Brower Quadrant. Hans hemsida är www.quadrantliving.com.

## Jack Canfield

Jack Canfield, författare till *The Success Principles*™, är medskapare till den fenomentalt framgångsrika bokserien *Chicken Soup for the Soul® (Godbitar: berättelser för själ och hjärta)*, som för närvarande har tryckts i fler än 100 miljoner exemplar. Han är Amerikas ledande expert på att skapa framgångsgenombrott för entreprenörer, företagsledare, chefer, säljare, anställda och lärare, och han har hjälpt hundratusentals individer att uppnå sina drömmar. För mer information om Jack Canfield, besök www.jackcanfield.com.

## ROBERT COLLIER (1885–1950)

Robert Collier var en produktiv och mycket framgångsrik amerikansk författare. Alla hans böcker, däribland *The Secret of the Ages* och *Riches within Your Reach*, bygger på Colliers egna omfattande efterforskningar om metafysik och hans personliga övertygelse att hälsa, lycka och överflöd är något som alla människor kan uppnå. Citaten i den här boken är hämtade från bokserien i sju volymer, *The Secret of the Ages*, med välvilligt tillstånd från Robert Collier Publications.

## JOHN F. DEMARTINI, FIL. DR

Trots att han som barn fick veta att han hade inlärningssvårigheter är John Demartini nu doktor, filosof, författare och internationell föreläsare. I många år hade han en framgångsrik mottagning som kiropraktor och fick vid ett tillfälle utmärkelsen Årets Kiropraktor. John Demartini är nu verksam som konsult till andra som arbetar med hälsa, och han skriver och föreläser om hälsa och filosofi. Hans metoder och redskap för personlig utveckling har hjälpt tusentals människor att skapa mer ordning och lycka i sina liv. Hans hemsida är www.drdemartini.com.

## MARIE DIAMOND

Marie är en internationellt känd feng shui-konsult som har praktiserat i mer än tjugo år och förfinat den kunskap, som hon fick ta del av i unga år. Hon har varit rådgivare åt många artister och författare och åt många av Hollywoods berömda skådespelare, regissörer och producenter. Hon har hjälpt många välkända människor att skapa mer framgång på alla områden i sitt liv. Marie har skapat Diamond Feng Shui, Diamond Dowsing och Inner Diamond Feng Shui för att få lagen om attraktion att verka i den personliga miljön. Hennes hemsida är www.mariediamond.com.

## MIKE DOOLEY

Det Mike undervisar och talar om är inte karriärframgångar, han har i stället som "livsäventyrare" lyckats navigera både i företagsvärlden och som entreprenör. Efter att ha bott och arbetat över hela världen för Price Waterhouse, var han år 1989 med och grundade företaget Totally Unique Thoughts (TUT) som säljer sitt eget sortiment av inspirerande presentartiklar. TUT växte till en regional butikskedja, produkterna såldes av alla de stora amerikanska varuhusen och nådde konsumenter över hela världen genom distributionskanaler i Japan, Saudiarabien och Schweiz, med över 1 miljon sålda Totally Unique T-shirts®. Under år 2002 förvandlade han TUT till en internetbaserad äventyrsklubb med inriktning på inspiration och livsfilosofi, som nu har över 60 000 medlemmar från mer än 169 länder. Han är författare till ett flertal böcker, bland annat tre volymer av *Notes from the Universe* och har skapat det internationellt hyllade radioprogrammet *Infinite Possibilities: The Art of Living Your Dreams*. Mer information om Mike och TUT finns på www.tut.com.

## Bob Doyle

Bob Doyle har skapat och leder kursen Wealth Beyond Reason, ett kraftfullt multimedia-program som handlar om lagen om attraktion och de praktiska tillämpningarna av den. Bob inriktar sig på vetenskapen bakom lagen om attraktion för att hjälpa dig att mera målmedvetet aktivera den i ditt liv och dra till dig välstånd, framgång, fantastiska relationer och allt annat du önskar dig. För mer information, besök www.wealthbeyondreason.com

## Hale Dwoskin

Hale Dwoskin är författare till boken *The Sedona Method*, som har legat på New York Times bästsäljarlista. Han arbetar hängivet med att befria människor från begränsande föreställningar för att hjälpa dem att uppnå det de önskar sig i livet. Sedona-metoden är en unik och effektiv teknik som visar dig hur du kan släppa taget om begränsande och smärtsamma känslor, föreställningar och attityder. Hale har lärt ut de här principerna till företag och privatpersoner över hela världen de senaste trettio åren. Hans hemsida är www.sedona.com.

## Morris Goodman

År 1981 kallades Morris Goodman i tidningsrubrikerna för "Mirakelmannen" när han lyckades bli frisk från de allvarliga skador han ådrog sig efter att ha störtat med sitt flygplan. Han fick veta att han aldrig skulle kunna gå, tala eller

fungera normalt igen, men i dag reser Morris över hela världen och inspirerar tusentals människor med sin häpnadsväckande historia. Morris fru, Cathy Goodman, finns också med i filmen *The Secret*, där hon berättar sin egen inspirerande historia om självläkning. För mer information, besök www.themiracleman.org.

## JOHN GRAY, FIL. DR

John Gray har skrivit *Män är från mars, kvinnor är från Venus*, förra årtiondets största bästsäljare som har sålts i över trettio miljoner exemplar. Han har skrivit fjorton andra bästsäljande böcker och hållit kurser för tusentals deltagare. Han arbetar med att hjälpa män och kvinnor förstå, respektera och uppskatta sina olikheter, både i personliga och professionella relationer. Hans senaste bok är *The Mars and Venus Diet and Exercise Solution.* För mer information, besök www.marsvenus.com.

## CHARLES HAANEL (1866–1949)

Charles Haanel var en framgångsrik amerikansk affärsman. Han skrev flera böcker, som alla innehöll hans egna idéer och metoder som han använde för att nå framgång i sitt eget liv. Hans mest berömda bok är *The Master Key System*, som innehåller ett program med tjugofyra lektioner till framgång, en lektion för varje vecka. Den är lika populär i dag som när den kom ut för första gången år 1912.

## John Hagelin, fil. dr

John Hagelin är världsberömd som kvantfysiker, pedagog och politisk expert. I sin bok *Manual for a Perfect Government* förklarar han hur man kan lösa stora samhälleliga och miljömässiga problem och skapa fred i världen genom en politik som är i harmoni med naturens lagar. John Hagelin har fått den prestigefyllda Kilby Award, som delas ut till forskare vars arbete har haft en stor inverkan på samhället. År 2002 var han också presidentkandidat för Natural Law Party. John anses av många som en av världens främsta forskare i dag. Hans hemsida är www.hagelin.org.

## Bill Harris

Bill Harris är företagare, lärare och professionell föreläsare. Efter att ha studerat både gammal och modern forskning om medvetandets natur och om olika tekniker för förändring skapade Bill ljudtekniken Holosync, som åstadkommer samma positiva effekter som uppnås genom djup meditation. Hans företag, Centerpointe Research Institute, har hjälpt tusentals människor över hela världen att leva att mera harmoniskt och stressfritt liv. För mer information, besök www.centerpointe.com.

## Ben Johnson, läkare och osteopat

Ben Johnson utbildade sig till en början inom den västerländska medicinen, men efter att ha övervunnit en livshotande sjukdom med hjälp av okonventionella metoder blev han intresserad av energimedicin. Han är främst intresserad av The Healing Codes, en metod för hälsa som upptäcktes av dr Alex Lloyd. I dag driver Ben Johnson och Alex Lloyd tillsammans The Healing Codes Company, där man verkar för att sprida denna kunskap. För mer information, besök www.healingcodes.com.

## Loral Langemeier

Loral Langemeier är grundare till Live Out Loud, som ger ekonomisk rådgivning och stöd för att hjälpa människor att uppnå sina ekonomiska mål. Hon tror att vårt tänkesätt är själva nyckeln till att bygga upp ekonomiskt välstånd, och hon har hjälpt många människor att bli miljonärer. Loral föreläser för privatpersoner och företag för att förmedla sin kunskap och expertis. Hennes hemsida är www.liveoutloud.com.

## Prentice Mulford (1834–1891)

Prentice Mulford var en av de tidigaste författarna och grundarna inom den rörelse som kallas för New Thought. Han levde som enstöring stora delar av sitt liv. Han har påverkat oräkneliga författare och lärare med sina böcker, som handlar om mentala och andliga lagar. Bland de böcker han har skrivit finns *Thoughts Are Things* och *The White Cross Library*, en samling av hans många essäer.

## Lisa Nichols

Lisa Nichols är en entusiastisk förespråkare för personlig utveckling. Hon är grundare till och ordförande för Motivating the Masses och Motivating the Teen Spirit, två utbildningsprogram som åstadkommer genomgripande förändringar för många tonåringar, kvinnor och entreprenörer. Hon utför även uppdrag för skolor, företag, välgörenhetsorganisationer och andra. Lisa är medförfattare till Chicken Soup for the African American Soul, som ingår i den framgångsrika bokserien *Chicken Soup for the Soul*. Hennes hemsida är www.lisa-nichols.com.

## Bob Proctor

Bob Proctors visdom har kommit till honom genom en rad framstående lärares undervisning. Det började med Andrew Carnegie, som förde kunskapen vidare till Napoleon Hill. Hill förde den sedan vidare till Earl Nightingale, som i sin tur förde traditionen vidare till Bob Proctor. Bob har arbetat inom det här området i över fyrtio år. Han reser över hela världen och undervisar om Hemligheten och hjälper privatpersoner och företag att skapa välstånd och överflöd genom lagen om attraktion. Han har skrivit den internationellt framgångsrika boken *You Were Born Rich*. För mer information om Bob, besök www.bobproctor.com.

## James Arthur Ray

James Arthur Ray har i hela sitt liv studerat principerna för sant välstånd. Han har utvecklat The Science of Success and Harmonic Wealth®, som lär människor hur de ska ta emot obegränsade resultat på alla områden: ekonomiskt, i relationer, intellektuellt, fysiskt och andligt. Hans system för personlig prestation, hans träningsprogram för företag och hans coachingmetoder används över hela världen, och han håller regelbundet föreläsningar om välstånd, framgång och människans sanna potential. James är också expert på många österländska, inhemska och mystiska traditioner. Besök hans hemsida på www.jamesray.com.

## David Schirmer

David Schirmer är en mycket framgångsrik aktiehandlare, investerare och lärare inom området investeringar som håller kurser och seminarier. I sitt företag, Trading Edge, lär han människor att skapa obegränsade inkomster genom att utveckla ett tänkesätt som främjar välstånd. Schirmers exakta och noggranna analyser av den australiska och internationella aktie- och råvarumarknaden har ett högt anseende. För mer information, besök www.tradingedge.com.au.

## Marci Shimoff, fil. kand.

Marci Shimoff är medförfattare till den oerhört framgångsrika *Chicken Soup for the Woman's Soul* och *Chicken Soup for the Mother's Soul*. Hon är verksam som lärare och föreläsare och talar med stort engagemang om personlig utveckling och lycka. Hon har särskilt inriktat sig på att stärka och stödja kvinnor. Hon är också verkställande direktör för och medgrundare till The Esteem Group, ett företag som erbjuder kurser och seminarier för kvinnor på området självkänsla och livsinspiration. Hennes hemsida är www.marcishimoff.com.

## JOE VITALE, HYPNOSTERAPEUT

Joe Vitale, som för tjugo år sedan levde som hemlös, anses nu vara en av de främsta experterna i världen på marknadsföring. Han har skrivit ett flertal böcker om principerna för framgång och välstånd, bland annat *Life's Missing Instruction Manual*, *Hypnotic Writing* och *The Attraction Factor*, som alla har blivit bestsellers. Joe har en doktorsgrad i metafysisk vetenskap, han är prästvigd och är certifierad hypnosterapeut, lärare i metafysik samt chi kung-utövare. Besök www.mrfire.com för mer information.

## DENIS WAITLEY, FIL. DR

Denis Waitley är en av Amerikas mest respekterade författare, föreläsare och konsulter i fråga om mänsklig prestationsförmåga. Han har anlitats för att utbilda astronauterna vid NASA och har sedan genomfört samma program med olympiska idrottare. Hans ljudbok, *The Psychology of Winning*, är det allra mest sålda programmet om personligt mästerskap. Han har också skrivit femton facklitterära böcker, däribland flera internationella bästsäljare. Hans hemsida är www.waitley.com.

## NEALE DONALD WALSCH

Neale Donald Walsch är en modern andlig budbärare och framgångsrik författare till den banbrytande *Samtal med Gud*-trilogin, som sprängde alla rekord på *New York Times* bästsäljarlista. Neale har gett ut tjugotvå böcker, liksom video- och ljudinspelningar. Han reser över hela världen för att föra ut budskapet om en ny andlighet. Han kan kontaktas på www.nealedonaldwalsch.com.

## WALLACE WATTLES (1860–1911)

Den amerikanskfödde Wallace Wattles ägnade många år att studera olika religioner och filosofier innan han började skriva om utövandet av de principer som används inom New Thought-rörelsen. Wallace Wattles många böcker har haft stor betydelse för alla som i dag undervisar om framgång och välstånd. Hans mest berömda bok är klassikern om välstånd, *The Science of Getting Rich*, som kom ut år 1910.

## FRED ALAN WOLF, FIL. DR

Fred Alan Wolf är fysiker, författare och föreläsare och har en doktorsgrad i teoretisk fysik. Fred Alan Wolf har undervisat vid universitet över hela världen, och hans arbete inom kvantfysiken och det mänskliga medvetandet har blivit välkänt genom hans böcker. Han har skrivit tolv böcker, bland annat *Taking the Quantum Leap*, som har vunnit The National Book Award. I dag fortsätter Fred Alan Wolf att skriva och föreläsa över hela världen och att utöva sin fascinerande forskning om sambandet mellan kvantfysiken och det mänskliga medvetandet. Besök hans hemsida på www.fredalanwolf.com.

Må Hemligheten skänka dig kärlek
och glädje i hela ditt liv.

Det är min intention för dig,
och för hela världen.

För att uppleva mer, besök www.thesecret.tv
eller www.thesecret.se.